比较

总第125辑

2023年第2辑

COMPARATIVE STUDIES

吴敬琏 主编

中信出版集团 | 北京

比较

COMPARATIVE STUDIES

主管 中信集团

主办 中信出版集团股份有限公司

出版 中信出版集团股份有限公司

主编 吴敬琏

副主编 肖梦 吴素萍

编辑部主任 孟凡玲

编辑 马媛媛 王艺璇

封面设计 李晓军／**美编** 杨爱华

发行总监 周广宇

独家代理：财新传媒有限公司

电话：（8610）85905000 **传真：**（8610）85905288

广告热线：（8610）85905088 85905099 **传真：**（8610）85905101

电邮： ad@ caixin. com

邮发代号：16-1509

订阅及客服热线：400-696-0110 **传真：**（8610）85905190

订阅电邮： circ@ caixin. com **客服电邮：** service@ caixin. com

地址：北京市朝阳区工体北路 8 号院三里屯 SOHO 6 号楼 5 层（**邮编：**100027）

目 录
Contents

迈向 2035 年的中国经济

增长潜力与产业变迁

白重恩　张琼　吴斌珍　李艳

　　近年来，中国经济面临结构性调整以及全球经济复苏乏力等国内外局势的复杂变化，发展"新常态"特征愈发明显（张晓晶，2022）①，最突出的表现就是经济增速持续放缓，且未来走势存在不确定性。在迈向社会主义现代化强国的关键节点，对 2020—2035 年中国经济增长潜力及产业结构进行情景分析，对于把握重要战略机遇期、开启新征程具有重要而深远的意义。

　　有鉴于此，本文在总结欧洲和亚洲先行经济体发展历史经验的基础上，结合中国经济社会发展特征，科学研判中国迈向 2035 年的经济运行态势，并据此提出政策建议。

一、经济增长的源泉：国际经验与中国特征

　　虽然关于"经济增长源泉"的讨论非常多，但分歧和争辩从未停止。理

＊　白重恩，清华大学经济管理学院弗里曼经济学讲席教授、院长，清华大学中国财政税收研究所所长；张琼，中国人民大学公共管理学院副教授；吴斌珍，清华大学经济管理学院经济系长聘副教授、系副主任，清华大学中国财政税收研究所副所长；李艳，清华大学中国财政税收研究所助理研究员。
①　张晓晶. 经济新常态 [J]. 经济研究，2022（7）：4–11.

论研究方面，布洛克和杜尔劳夫（Brock and Durlauf，2001）[1] 指出，"结论是开放式的"，很多强调不同因素和作用机制的增长理论在逻辑上并不冲突。实证研究的变量选择和模型设置千差万别，大量文献声称找到了一个或多个显著影响经济增长的变量。文献已经提出了 140 多个经济增长的决定因素（Moral-Benito，2012）。[2]

有关中国经济增长源动力及其重要性的讨论方面，虽然学界和业界仍存在一定分歧（路风，2022）[3]，但不少研究指出，经济增长中长期供给侧的决定性因素主要包括劳动、资本以及全要素生产率（TFP）增长，以索洛增长理论为代表；短周期需求侧角度，消费、投资和净出口则是拉动经济增长的"三驾马车"，凯恩斯主义是总量和结构调控的重要分析框架。

基于恒等式的分解和讨论有利于直观呈现经济增长的源泉。对于"人均 GDP"这一常见的衡量经济发展状况的指标，我们有恒等式：人均 $GDP = \frac{GDP}{就业人数} \times \frac{就业人数}{总人口}$，说明人均 GDP 取决于："劳动生产率，即 $\frac{GDP}{就业人数}$"和"就业人口比，即 $\frac{就业人数}{总人口}$"。前者衡量生产效率，后者则代表总人口中实际参与经济活动的人口占比。因此我们可以先分析劳动生产率和就业人口比对经济增长的贡献，然后进一步展开讨论影响这两个指标增长的主要因素。

1. 经济动力引擎的国际表现

基于广泛被认可的跨国历史数据，图 1 给出了 1750 年以来近 300 年间各经济体人均 GDP 的动力构成。图 1a 显示，劳动生产率与人均 GDP 高度正相关；而图 1b 显示，就业人口比与人均 GDP 正相关，但相关系数小一些。这意味着劳动生产率是各经济体人均 GDP 的水平差异及纵向增长的重要源泉，就业人口比的解释力则相对较弱。

---

① Brock W A, Durlauf S N. What have we learned from a decade of empirical research on growth? Growth empirics and reality [J]. The World Bank Economic Review, 2001, 15 (2): 229–272.

② Moral-Benito E. Determinants of economic growth: A Bayesian panel data approach [J]. Review of Economics and Statistics, 2012, 94 (2): 566–579.

③ 路风. 中国经济为什么能够增长 [J]. 中国社会科学, 2022 (1): 36–62.

图中，我们借鉴萨克斯等人（Sachs et al.，1995）① 和卢卡斯（Lucas，2009）② 的研究，挑选了 20 个对中国当前发展阶段比较有借鉴和启示意义的国家和地区——包括 16 个欧洲先行经济体和 4 个亚洲先行经济体③，单独呈

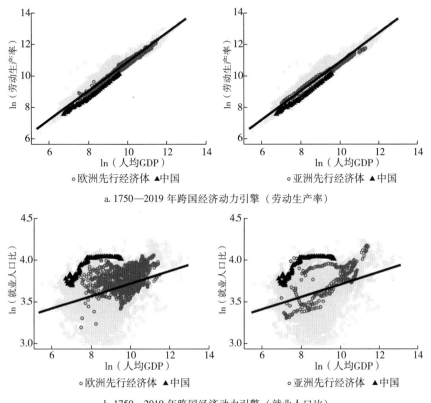

a. 1750—2019 年跨国经济动力引擎（劳动生产率）

b. 1750—2019 年跨国经济动力引擎（就业人口比）

图 1　人均 GDP 分解：跨国经验

资料来源：International Historical Statistics（The Americas and Australasia）；International Historical Statistics（AFRICA ASIA & OCEANIA 1750 – 1993）；International Historical Statistics（EUROPE 1750 – 1993）；2020 release of the Maddison Project Database；Penn World Table 10. 0。

① Sachs J D，Warner A，Åslund A，Fischer S. Economic reform and the process of global integration [J]. Brookings papers on economic activity，1995，26（1）：1 – 118.
② Lucas Jr R E. Trade and the Diffusion of the Industrial Revolution [J]. American Economic Journal：Macroeconomics，2009，1（1）：1 – 25.
③ 欧洲先行经济体包括：奥地利、比利时、丹麦、芬兰、法国、德国、希腊、爱尔兰、意大利、荷兰、挪威、葡萄牙、西班牙、瑞典、瑞士、英国。亚洲先行经济体包括：日本、韩国、新加坡、中国台湾。

现其在相应时期的特征。我们发现这些先行经济体在其发展过程中，人均GDP 更是与其劳动生产率保持高度同步。相比这些先行经济体的可比历史阶段，中国经济在 1950—2019 年间的表现，在生产效率方面略显不足（低于相应发展阶段上各先行经济体的平均劳动生产率水平），但就业人口比远高于相同发展水平上各先行经济体的平均水平，有力地支撑了中国经济在过去60 年的不俗表现。因此，尽管就业人口比对各先行经济体的重要性相对有限，对中国经济增长而言却非常重要。然而，中国的就业人口比在 2010 年左右开始下降，很难继续支撑人均 GDP 的持续增长。我们将在后文中具体展开分析。

2. 中国经济增长核算

经济增长核算有助于我们进一步了解中国经济增长的源泉。我们基于索洛增长理论，以历年就业人数作为劳动投入，以永续盘存法测算的各年固定资本形成总量作为资本投入①，以及采用人口普查和抽样调查微观数据分别估计各年劳动力人均受教育年限②，核算中国经济增长的源泉。

前文提到的国际经验表明，劳动生产率对经济增长而言至关重要，对中国而言亦是如此。图 2 显示，1978—2021 年中国扣除通胀后的年均实际经济增长率为 9.25%，同期劳动力和劳动生产率的年均增长率分别为 1.50% 和7.75%，劳动生产率不断攀高是助推同期中国经济增长的主要力量。从时间趋势上看，随着人口出生率下降，人口老龄化程度加剧，劳动力增长速度不断趋缓，劳动生产率对经济增长的重要性与日俱增：1978—2007 年劳动生产率提高对同期经济增长的贡献大约为 78%，2008—2015 年其增长贡献接近 98%，2016 年之后则成为中国经济唯一的增长源泉。

更细分看，劳动生产率提高主要源于全要素生产率增长、资本深化（资

---

① 有关测算方法参见 Bai et al.（2006），以及白重恩和张琼（2014）。Bai C E, Hsieh C T, Qian Y. The Return to Capital in China [J]. Brookings Papers on Economic Activity, 2006, 37 (2): 61 - 101. 白重恩，张琼. 中国经济减速的生产率解释 [J]. 比较，2014，4：1 - 26.

② 有关测算方法参见张琼和张钟文（2021）。张琼，张钟文. 我国人力资本变迁 70 年：人口转型与教育提升的双重视角 [J]. 统计研究，2021，38 (11)：47 - 59.

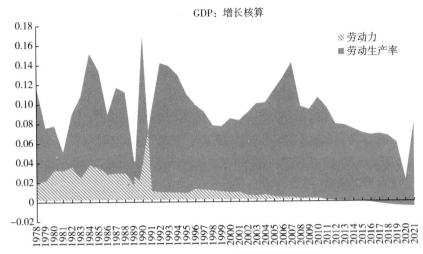

图 2　1978—2021 年中国经济增长源泉

资料来源：同图 1。

本劳动比上升）及劳动者质量提升。① 图 3 显示，1978—2021 年中国资本劳动比年均增速为 4.01%，同期劳动力人均受教育年限和全要素生产率年均分别增长 0.71% 和 3.03%；资本深化、全要素生产率增长和教育提升对同期劳动生产率提高的贡献分别为 52%、39% 和 9%。分时期看，1978—2007 年资本深化与全要素生产率增长对同期劳动生产率增长的贡献不相伯仲，分别为 45% 和 44%。2008—2015 年受全球金融危机负面冲击影响，中国经济增速明显放缓，同期固定资产投资占 GDP 比重迅速攀升，由此导致资本深化对同期劳动生产率增长的贡献超过 70%，全要素生产率增长对经济增长的贡献则下降至 24%。2016 年之后，中国经济向高质量发展阶段转型，资本深化依然是同期推高劳动生产率增长的主要力量（贡献约为 56%），但全要素生产率增长对劳动生产率增长的贡献回升至 40%。

值得一提的是，"人均受教育年限增加"虽是衡量教育提升或人力资本增长的常用指标，但该指标没有考虑教育质量及教育回报等因素，有其自身的局限性。与此同时，准确刻画和反映教育或人力资本对经济增长的贡献并非易

---

① 假设生产函数是 $Y = A K^{\alpha} (eL)^{1-\alpha}$，$Y$ 代表产出，K 代表物质资本，e 代表劳动力质量，L 代表劳动力数量，A 代表全要素生产率，α 表示资本的产出弹性；此时有 $\frac{Y}{L} = A \left(\frac{K}{L} \right)^{\alpha} e^{1-\alpha}$，从而劳动生产率为全要素生产率、资本劳动比和劳动力质量的函数。

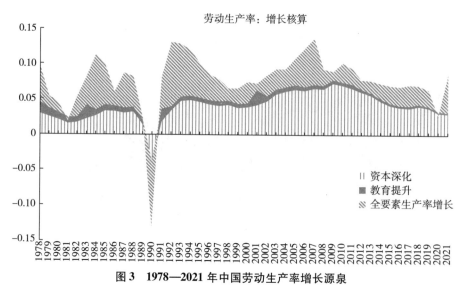

图3　1978—2021 年中国劳动生产率增长源泉

资料来源：同图1。

事，因为该指标除了提升劳动力质量之外，还通过多个途径影响经济体自身的技术创新能力和模仿学习其他经济体的能力，从而影响全要素生产率；与此同时，教育提升或人力资本增长还可能通过影响生产过程中资本和劳动要素的相对配置，从而对资本劳动比产生影响。图3的分析只估算了"教育提升"独立于"资本深化"和"全要素生产率增长"的贡献，而忽略了教育倒逼资本配套深化以及促进全要素生产率增长的间接传导影响，因此很可能低估了教育或人力资本对中国经济增长的贡献。

二、劳动生产率相对收敛和产业结构转型的国际经验

1. 劳动生产率相对收敛

根据经济增长"条件收敛"分析框架，基于"溢出"和"学习"的后发赶超效应意味着落后经济体相比于先行经济体其劳动生产率有相对更高的增长潜力（Barro，1991[①]；Mankiw et al.，1992[②]）。不过这一潜力能否实现依赖于

[①]　Barro R J. Economic growth in a cross section of countries [J]. The Quarterly Journal of Economics, 1991, 106（2）：407–443.

[②]　Mankiw N G, Romer D, Weil D N. A contribution to the empirics of economic growth [J]. The Quarterly Journal of Economics, 1992, 107（2）：407–437.

诸多影响因素，其中落后经济体"开放学习"的能动意愿以及先行经济体
"共同发展"的包容态度至关重要。因此，劳动生产率的相对收敛特征在全球
范围内并不必然出现。

我们借鉴卢卡斯（2009）[①] 的分析框架，以及被广泛认可的跨国历史数
据，在图4中描述了各个国家和地区每年相比于美国的劳动生产率水平（横
轴）与其随后20年劳动生产率年均增长率（纵轴）之间的相关关系。图4显
示，英国、德国和法国等16个欧洲主要国家以及日本、韩国、新加坡和中国
台湾4个亚洲经济体在各个发展阶段实现了劳动生产率的快速增长，其增长路
径描绘了相应发展阶段的增长前沿，因此我们将它们作为可资借鉴的先行经济
体。与此同时，在各先行经济体劳动生产率不断逼近美国的过程中，劳动生产率
的增长率趋于下降，表现出非常明显的劳动生产率相对收敛特征，且欧洲和亚洲
先行经济体的相对收敛规律非常相似（图4中二者的相对收敛轨迹高度重合）。

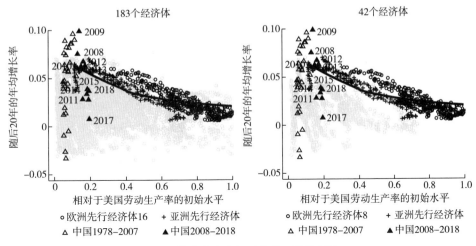

图4 劳动生产率相对收敛：整体经济

注：中国为本年度相对水平与下一年度增长率的对应关系。亚洲先行经济体：日本、韩国、新加
坡、台湾地区。欧洲先行经济体16：奥地利、比利时、丹麦、芬兰、法国、德国、希腊、爱尔兰、意
大利、荷兰、挪威、葡萄牙、西班牙、瑞典、瑞士、英国。欧洲先行经济体8：丹麦、法国、德国、
意大利、荷兰、西班牙、瑞典、英国。

资料来源：Penn World Table 10.0；2015 release of the Groningen Growth and Development Centre's
（GGDC）10 - sector database。

① Lucas R E. Trade and the Diffusion of the Industrial Revolution ［J］. American Economic Journal：
Macroeconomics，2009，1（1）：1 - 25.

我们也考虑了各个国家和地区每一年相比于美国的劳动生产率水平与其随后 10 年和 5 年间劳动生产率年均增长率之间的相关关系，结果与图 5 非常相似。特别地，我们假设各先行经济体对应的劳动生产率"相对收敛"规律可以用表达式（1）来刻画：

$$\text{lpgr}_{i,[t_0,t_0+n]} = \mu \times \left(\frac{\text{lp}_{\text{美国},t_0}}{\text{lp}_{i,t_0}} \right)^{\theta} \tag{1}$$

其中，$\text{lpgr}_{i,[t_0,t_0+n]}$ 表示任意先行经济体 i 自任意初始年份 t_0 开始随后 n 年内的劳动生产率年均增长率，$\text{lp}_{\text{美国},t_0}$ 和 lp_{i,t_0} 分别表示该先行经济体和美国（作为世界前沿）初始年份的劳动生产率水平；μ 为模型待估计参数，表示世界前沿（美国）的劳动生产率增长率；θ 也是待估计参数，反映各经济体的劳动生产率收敛于世界前沿劳动生产率的相对速度。

表 1 显示，无论 n 是 20 年、10 年还是 5 年，估计得到的参数都非常接近。与此同时，不同数据来源（由此涵盖的先行经济体数量以及数据时间跨度不完全相同）揭示的先行经济体的劳动生产率相对收敛规律也基本相同。

表 1　先行经济体的劳动生产率相对收敛规律：整体经济

	先行经济体：欧洲 16 国 + 亚洲 4 经济体			先行经济体：欧洲 8 国 + 亚洲 4 经济体		
	n = 20 年	n = 10 年	n = 5 年	n = 20 年	n = 10 年	n = 5 年
μ	2.02 ***	2.06 ***	2.07 ***	2.04 ***	2.11 ***	2.24 ***
	(0.04)	(0.05)	(0.05)	(0.05)	(0.06)	(0.08)
θ	0.58 ***	0.58 ***	0.57 ***	0.58 ***	0.57 ***	0.53 ***
	(0.01)	(0.02)	(0.02)	(0.02)	(0.02)	(0.03)
观测值	783	1 039	1 126	500	608	618
调整 R^2	0.90	0.82	0.76	0.91	0.83	0.78

注：*** 表示在 1% 水平上显著。

图 4 和表 1 对应于各先行经济体的整体情况。类似地，我们也可以从细分产业来看不同产业的劳动生产率是否也呈现类似的"相对收敛"特征。图 5 和表 2 对应的结果显示，各先行经济体三次产业的劳动生产率在相应发展阶段的增长表现都相对较好，但是整体劳动生产率的"相对收敛"特征主要源于第二和第三产业的相应规律；第一产业的劳动生产率并未表现出明显的"相对收敛"规律（甚至在某些情形中呈现轻微的发散特征）。另外，表 2 的结果进一步显示，反

映第三产业劳动生产率相对收敛速度的参数 θ 的估计值明显更大,一定程度上表明各先行经济体第三产业的劳动生产率逼近美国的速度相对更快。

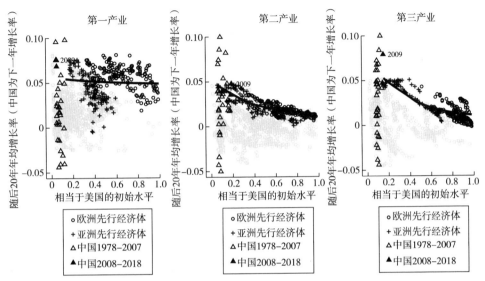

图 5　劳动生产率相对收敛:分三次产业

注:欧洲先行经济体:丹麦、法国、德国、意大利、荷兰、西班牙、瑞典、英国。亚洲先行经济体:日本、韩国、新加坡、台湾地区。

资料来源:Penn World Table 10.0;2015 release of the Groningen Growth and Development Centre's (GG-DC) 10 – sector database。

表 2　先行经济体的劳动生产率相对收敛规律:分三次产业

	20 年间隔			5 年间隔		
	第一产业	第二产业	第三产业	第一产业	第二产业	第三产业
μ	4.88 ***	2.96 ***	1.27 ***	5.35 ***	3.07 ***	1.37 ***
	(0.18)	(0.06)	(0.05)	(0.31)	(0.11)	(0.07)
θ	0.06	0.46 ***	0.95 ***	– 0.14 *	0.49 ***	0.93 ***
	(0.05)	(0.02)	(0.04)	(0.08)	(0.03)	(0.05)
观测值	300	317	289	405	439	417
调整 R^2	0.90	0.95	0.89	0.72	0.81	0.72

注:*、*** 分别表示在10%和1%水平上显著。

2. 产业结构转型

经济发展通常伴随着产业结构转型,主要表现为生产要素从农业部门不断转移配置到第二产业和第三产业（Chenery，1960①；Kuznets and Murphy，1966②；Chenery et al.，1988③），在此过程中表现出农业占比不断下降，服务业占比不断上升，而工业占比先上升后下降的"驼峰"特征，即所谓的产业结构转型的"库兹涅茨事实"。这一转型背后的主要机制是收入效应导致农产品相对需求下降，同时工业和服务业生产率增长更快，通过相对价格促进产业结构变化（Herrendorf et al.，2014④），二者都抑制了农业部门的劳动力相对需求。另一方面，教育提升使愿意从事农业的劳动力减少，这种供给的变化也是产业结构转型的重要驱动力（Caselli and Coleman II，2001⑤；Porzio et al.，2022⑥）。实际上，经济发展和产业结构转型可以相互促进。高技能劳动力密集型产业的相对份额上升推高整体经济的生产率，进而带来经济增长；同时，这些产业的扩张也增加了对高技能劳动力的相对需求，从而影响高技能的回报，并进一步促进产业结构发生变化（Buera et al.，2022⑦）。

我们综合使用多个跨国数据来源，发现先行经济体的产业结构转型呈现比较一致的规律⑧：随着经济的发展，第一产业份额迅速下降、第三产业份额迅

---

① Chenery H B. Patterns of industrial growth [J]. American Economic Review, 1960, 50 (4)：624 – 654.

② Kuznets S, Murphy J T. Modern economic growth：Rate, structure, and spread [M]. New Haven：Yale University Press, 1966.

③ Chenery H B, Srinivasan T N, Schultz T P, Behrman J R, Strauss J, Rodrik D, Rosenzweig M R (Eds.). Handbook of development economics (Vol. 1). Elsevier, 1988.

④ Herrendorf B, Rogerson R, Valentinyi A. Growth and structural transformation [J]. Handbook of economic growth, 2014, 2：855 – 941.

⑤ Caselli F, Coleman II W J. The US structural transformation and regional convergence：A reinterpretation [J]. Journal of Political Economy, 2001, 109 (3)：584 – 616.

⑥ Porzio T, Rossi F, Santangelo G. The human side of structural transformation [J]. American Economic Review, 2022, 112 (8)：2774 – 2814.

⑦ Buera F J, Kaboski J P, Rogerson R, et al. Skill-biased structural change [J]. The Review of Economic Studies, 2022, 89 (2)：592 – 625.

⑧ 我们同时考虑了格罗宁根增长和发展中心（Groningen Growth and Development Centre, GGDC）的 10 部门数据库（最新版本为 2015 年版本），Maddison 数据库（最新版本为 2020 年版本），宾州大学世界表（Penn World Table, PWT，最新版本为 PWT10.0）以及《国际历史统计》（*International Historical Statistics*，美洲、澳大拉西亚分册，亚非太平洋分册，欧洲分册）中包含的指标。不同数据来源包含的经济体以及涵盖的时间范围存在一定区别，因此不同数据来源中揭示的产业结构转型的具体特征也不完全相同。为简洁起见，我们这里只呈现了基于 GGDC 和 Maddison 数据库的分析结果，感兴趣的读者可来信索取其他相关结果，或通过查找相关数据来源考察产业结构转型的具体特征。

速上升，第二产业份额先上升后下降。更具体来看，第一产业的就业和增加值份额均与人均 GDP 显著负相关（图 6），第二产业的就业和增加值份额则与人均 GDP 呈非常明显的倒 U 形（"驼峰"）关系（图 7），第三产业的就业和增加值份额则与人均 GDP 高度正相关（图 8）。

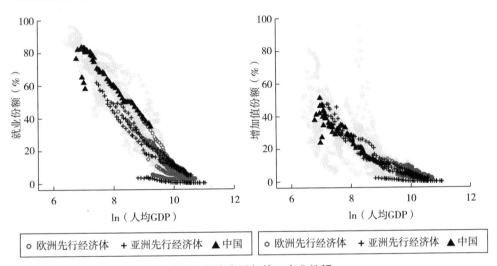

图 6　经济发展与第一产业份额

注：欧洲先行经济体：奥地利、比利时、丹麦、芬兰、法国、德国、希腊、爱尔兰、意大利、荷兰、挪威、葡萄牙、西班牙、瑞典、瑞士、英国。亚洲先行经济体：日本、韩国、新加坡、台湾地区。

资料来源：2020 release of the Maddison Project Database；2015 release of the Groningen Growth and Development Centre's（GGDC）10 - sector database。

图 6 还表明，在人均 GDP 水平较低的阶段，第一产业在整体经济中所占的就业比重较高，同时增加值份额明显低于相应的就业份额，这与已有研究的结论一致（如 Herrendorf et al.，2014[1]），意味着在这个阶段，第一产业是劳动生产率最低的部门。随着人均 GDP 水平不断提高，第一产业份额快速下降，不过速度不断趋缓。图 7 和图 8 显示，第二、第三产业的就业和增加值份额都随着人均 GDP 先快速上升，达到一定水平后开始趋缓。第二产业的上升要先于且快于第三产业。当人均 GDP 接近 1 万美元时，第二产业份额由升转降，第三产业份额进入加速上升阶段。我们随后在基于先行经

---

① Herrendorf B，Rogerson R，Valentinyi A. Growth and structural transformation［J］. Handbook of economic growth，2014，2：855 - 941.

济体历史经验预测中国今后一段时期产业结构转型的特征时，将充分考虑上述阶段性特点。

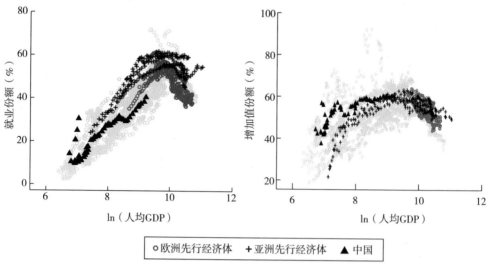

图7 经济发展与第二产业份额

注：图注和资料来源同图6。

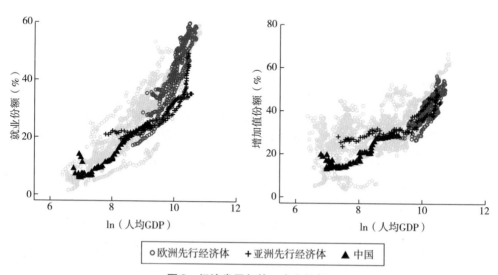

图8 经济发展与第三产业份额

注：图注和资料来源同图6。

中国的产业结构转型也遵循这一规律。具体来看，与先行经济体相比，中国第一产业就业份额早期相对较高，随着经济发展快速下降，目前已经接近可比阶段的先行经济体，虽然仍处在相对较高的水平，但是第一产业的增加值份额则一直和可比阶段的先行经济体基本相当（图6）。中国第二产业早期的就业份额则相对可比阶段的先行经济体要低，增加值份额早期却相对较高，当前两个份额都与先行经济体可比阶段的相应水平基本相同（图7）。第三产业就业份额与先行经济体相应发展阶段比较相似，增加值份额早期相对较低，但目前已基本趋同（图8）。

由此表明，相比于先行经济体，中国在发展早期第二产业以相对较低的就业份额实现了相对较高的增加值份额；而第一产业则用相对较高的就业份额仅实现了相对较低的增加值份额。这说明中国第一产业与第二产业劳动生产率的差距比先行经济体在可比阶段的情形更为突出（劳动生产率相对更低的第一产业聚集了更多的劳动力），第一产业向第二产业的就业转移仍存在一定空间，实现劳动力从第一产业向第二产业更充分的转移，可以有效改善劳动力配置效率，进而显著提升整体的劳动生产率。当前，中国正逼近第二产业份额由升转降、第三产业份额加速上升的临界点，这是"新常态"的另一个重要内涵。

三、影响经济增长潜力实现的因素

1. 劳动生产率增长潜力的影响因素

前文分析指出，劳动生产率是经济增长最为重要的源泉，就业人口比主要受制于人口年龄结构和就业参与率，其中人口年龄结构的调整比较缓慢，且受一国社会、政治和文化多种因素的影响，不容易改变。因此大多数国家都主要致力于实现劳动生产率在对应发展阶段的"潜在增长率"。

我们首先估计各个发展阶段劳动生产率的潜在增长率，然后计算每个经济体在每个发展阶段的"劳动生产率增长潜力实现程度"，具体定义为劳动生产率实际增长率与对应发展阶段潜在增长率之比。然后分析该实现程度的影响因素。更具体地，在估计劳动生产率的潜在增长率时，我们仍然选取欧洲16国和亚洲4个经济体作为先行经济体，计算每个发展阶段这些经济体增长率的平均值，来代表该阶段所有经济体的潜在增长率。

我们基于跨国可比数据，分析了贸易、人口结构、城镇化程度、产业结构、消费投资结构等因素对劳动生产率增长潜力实现程度的影响。具体而言，我们借鉴有关经济增长的经典和前沿研究，以"进出口贸易与GDP之比"衡量对外开放程度，以"城镇人口占总人口比重的增长率"衡量城镇化进程，以"65岁以上人口占15~64岁劳动年龄人口的百分比"衡量人口老龄化程度，以"投资率偏离先行经济体可比阶段投资率平均水平的绝对值"衡量投资－消费失衡程度，以"劳动收入份额偏离先行经济体可比阶段劳动收入份额平均水平的绝对值"衡量要素收入分配格局失衡程度，以"第二产业增加值份额"衡量产业结构。同时在分析中考虑"技术进步"（用"TFP增长率"衡量）的影响，以此作为相应阶段（纯）效率提升的近似度量；另外，我们也考虑了各经济体和发展阶段的固定效应，以尽可能控制不同经济体不随时间变化的特征的影响以及发展阶段周期性效应的影响。表3给出了相应的回归结果。

我们发现，对外开放程度更高、城镇化进程加快、第二产业比重上升以及技术进步越快，都有助于实现相应发展阶段劳动生产率的增长潜力；人口老龄化、投资－消费失衡以及要素收入分配格局失衡加剧，则将阻碍劳动生产率实现其相应发展阶段的增长潜力。

表3　影响劳动生产率增长潜力实现的因素

	劳动生产率增长潜力实现程度				
	（1）	（2）	（3）	（4）	（5）
对外开放程度	0.156*	0.431***	0.045	0.150	0.132
	(0.092)	(0.092)	(0.106)	(0.127)	(0.142)
人口老龄化程度		−0.051***	−0.062***	−0.029***	−0.038***
		(0.006)	(0.007)	(0.010)	(0.011)
城镇化进程			5.714***	5.998***	6.063**
			(2.088)	(2.207)	(2.912)
TFP增长率			2.049***	2.024***	2.175***
			(0.158)	(0.164)	(0.161)
第二产业增加值份额				0.011***	0.011***
				(0.003)	(0.004)
投资－消费失衡程度					−1.530***
					(0.522)

	劳动生产率增长潜力实现程度				
	(1)	(2)	(3)	(4)	(5)
劳动收入分配失衡程度					−0.083
					(0.470)
常数项	0.354***	0.748***	−0.814***	−1.651***	−1.485***
	(0.044)	(0.070)	(0.167)	(0.222)	(0.256)
观测值	9 255	8 429	5 902	4 703	3 922
R^2	0.187	0.207	0.305	0.287	0.278

注：（1）所有回归都控制了经济体和发展阶段固定效应；（2）括号中为考虑异方差后的稳健标准差；（3）*、**、***分别表示在10%、5%、1%水平上显著；（4）数据来源于 Penn World Table 10.0 以及世界发展指数（World Development Indicators）。

2. 先行经济体的历史经验

我们接下来分别从人口年龄结构、投资－消费结构等角度，呈现先行经济体处在中国当前（2020 年前后）可比经济发展阶段时的表现。因为缺乏公开一致可比的相关跨国数据指标，我们暂时没有考虑更多其他因素。

前面提到，相比于其他经济体，就业人口比高是中国过去 60 年经济增长的重要源泉，尽管全世界平均而言它的重要性相对有限。更进一步分析就业人口比的构成，基于恒等式" $\dfrac{就业人数}{总人口} = \dfrac{就业人数}{15 \sim 64 \, 岁人口} \times \dfrac{15 \sim 64 \, 岁人口}{总人口}$ "，我们可以推知"就业人口比"取决于"15～64 岁劳动年龄人口中就业的比重"（即"就业率"）和"总人口中 15～64 岁劳动年龄人口占比"这两个指标，前者与劳动年龄人口的劳动力供给意愿和劳动力市场的需求密切相关，后者则是分析人口年龄结构的影响时常用的指标。图 9 首先分解了 1750 年以来各主要经济体就业人口占比的构成与经济发展水平的相关关系。结果表明，反映人口年龄结构的"15～64 岁人口占比"（即劳动年龄人口占比）与人均GDP 呈现明显的正相关关系（图 9a），"就业率"则与经济发展水平没有显著相关性（图 9b）。前者与已有关于"人口红利"的有关研究①相呼应，总人口

---

① 相关文献非常多，有兴趣的读者可参考蔡昉（中国社会科学院）、王丰（复旦大学）、哈佛大学 David Bloom 和 David Canning，以及夏威夷大学 Andrew Mason 等学者的相关研究。

中劳动年龄人口占比越高，不仅对应于相对更充裕的劳动力，同时有利于创新和资本积累进而提升劳动生产率，这对经济增长非常重要。

此外，相比于先行经济体，中国在相应经济发展水平上"劳动年龄人口占比"处于相对更高的水平；虽然我国当前的水平仍然高于大部分先行经济体，但是我国已经出现了劳动年龄人口占比由升转降的重大转变，而且这个转变发生时的经济发展水平远低于日本、韩国和新加坡等先行经济体发生转变时的经济发展水平。这是一个值得引起关注的长期问题。

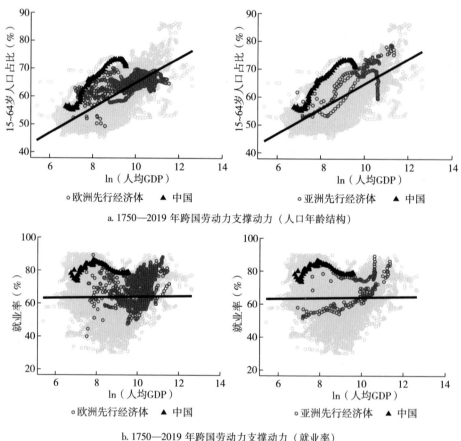

a. 1750—2019 年跨国劳动力支撑动力（人口年龄结构）

b. 1750—2019 年跨国劳动力支撑动力（就业率）

图9　就业人口比分解：跨国经验

注：图注和资料来源同图1。

图10 则进一步还原了与中国当前可比发展阶段前后一段时期内先行经济体的人口年龄结构特征。结果显示，先行经济体处在中国经济发展阶段时，劳

动年龄人口（15～64 岁）占总人口的比重大多低于中国当前的水平（2020 年为 68.6%），但是它们都处在劳动年龄人口占比增长或"人口红利"窗口期，这一点对于亚洲先行经济体尤其明显。欧洲先行经济体的人口年龄结构差异较大，但大多处于上升阶段，虽然增长比较缓慢。

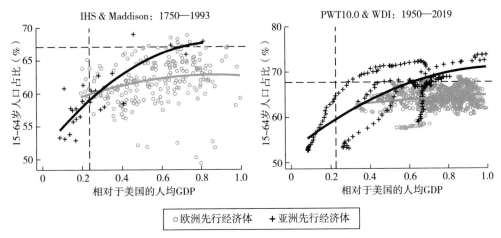

图 10　先行经济体可比阶段的人口年龄结构

注：图注和资料来源同图 1。

图 11 进一步显示，先行经济体处在中国当前可比发展阶段时，人口出生率远高于中国当前的水平（2021 年为 7.52‰），且均处于下降阶段，亚洲先行经济体下降趋势更明显；而人口死亡率方面，大部分先行经济体也高于中国当前的水平，但是部分亚洲先行经济体（如新加坡）的人口死亡率则相比中国当前水平（2021 年为 7.18‰）更低。数据显示，亚洲先行经济体相应时期人口出生率在 30‰左右，欧洲先行经济体在 20‰～30‰之间，且随着经济发展下降趋势比较温和。而中国当前的人口出生率已降至 10‰以下，而且下降速度依然很快。

人口自然增长率对应于人口出生率与人口死亡率之差。中国当前人口自然增长率（2021 年为 0.34‰）相比先行经济体可比发展阶段的水平明显更低。先行经济体的经验表明，随着经济发展，人口自然增长率呈下降趋势，且亚洲先行经济体的下降趋势更为明显。人口自然增长率进一步下降，其支撑经济发展的后劲明显不足。

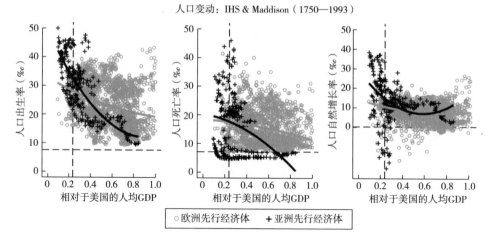

人口变动：IHS & Maddison（1750—1993）

○ 欧洲先行经济体　＋ 亚洲先行经济体

图11　先行经济体可比阶段的人口出生率

注：图注和资料来源同图1。

投资－消费结构方面，中国的投资远高于先行经济体处在中国当前发展阶段时的水平。以"固定资本形成占GDP的比重"衡量，中国当前的水平约为43%（2021年），亚洲先行经济体在相应阶段的水平在20%左右，而欧洲先行经济体平均只有15%。以"全社会固定资产投资与GDP之比"衡量，中国当前的水平约为54%（2021年），亚洲先行经济体对应阶段的水平为30%左右，欧洲先行经济体则为20%。随着经济发展，这些先行经济体的投资率缓慢上升，亚洲先行经济体上升至35%和40%左右后趋于下降；欧洲先行经济体上升至20%和25%左右后基本稳定。

四、中国经济增长潜力及产业结构预测

中国经济进入追求高质量发展阶段，经济增长速度不再是中国经济发展追求的唯一目标；但保持较长时间快速平稳增长是一国实现收入阶段性跨越的重要保障（刘伟和范欣，2019）。① 与此同时，经济增长目标管理作为全球性现象，可以倒逼资源配置尤其是资本积累，从而影响实际经济增长（徐现祥和刘毓芸，2017）。②

---

① 刘伟，范欣. 中国发展仍处于重要战略机遇期［J］. 管理世界，2019（1）：13－23.
② 徐现祥，刘毓芸. 经济增长目标管理［J］. 经济研究，2017（7）：18－33.

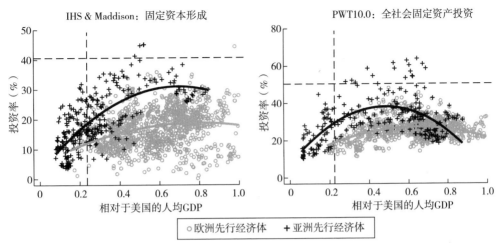

图 12　先行经济体可比阶段的投资率

注：图注和资料来源同图 1。

1. 经济增长潜力

国内外许多学者和机构使用不同的估计方法，预测中国经济的增长潜力，估计结果相差较大。国外新近研究方面，普利切特和萨默斯（Pritchett and Summers，2014）① 预测中国 2013—2023 年和 2023—2033 年的年均增长率分别为 5.01% 和 3.28%；克里斯滕森等人（Christensen et al.，2022）② 预测中国 2010—2050 年和 2010—2100 年的年均增长率分别为 4.23% ~ 6.6% 和 2.93% ~ 5.7%。国际货币基金组织于 2022 年 10 月发布的《世界经济展望》考虑了新冠疫情防控对中国经济增长的影响，预测 2023 年和 2027 年的增长率分别是 4.4% 和 4.6%。

国内学者对中国经济前景的预测通常更乐观。国内新近研究方面，黄泰岩和张仲（2021）③ 预测我国 2021—2025 年、2026—2030 年和 2031—2035 年的

①　Pritchett L, Summers L H. Asiaphoria meets regression to the mean ［R］. National Bureau of Economic Research，2014.

②　Christensen P, Gillingham K, Nordhaus W. Uncertainty in forecasts of long-run economic growth ［J］. Proceedings of the National Academy of Sciences，2018，115（21）：5409 – 5414.

③　黄泰岩，张仲. 实现 2035 年发展目标的潜在增长率 ［J］. 经济理论与经济管理，2021，41（2）：4 – 12.

年均增长率分别为 5.67%、5.44% 和 4.87%。刘伟和陈彦斌（2020）[①] 预测中国 2020—2035 年的年均增长率将达到 5.3% 左右。中国社会科学院宏观经济研究中心课题组（2022）[②] 预测中国在 2021—2025 年、2026—2030 年和 2031—2035 年的年均增长率将分别为 5.5%、4.8% 和 4.3%。厉克奥博等人（2022）[③] 认为假如中国的人力资源能够得到充分利用，预测 2021—2025 年、2026—2030 年和 2031—2035 年的年均增长率将分别达到 5.81%～5.97%、5.54%～5.75% 和 4.98%～5.23%。张晓晶（2022）[④] 预测中国 2021—2030 年、2030—2040 年和 2040—2050 年的年均增长率将分别为 5%～5.5%、4%～4.5% 和 3%～3.5%。

生产函数法是预测潜在经济增速和未来增长趋势的常见方法。这一方法抛开需求侧因素，考虑一国的要素禀赋变化对中长期潜在经济增速的影响（中国社会科学院宏观经济研究中心课题组，2022）[⑤]，分别估计不同投入要素对经济增长的影响，然后推测潜在增长率。这种方法可能存在两个问题：一是参数估计时没有考虑资本积累可能会受到生产率冲击等的影响，模型识别和估计存在一定问题；二是生产函数设定可能有误，导致估计结果有偏。

根据恒等式，GDP 等于"劳动生产率"与"劳动力"的乘积，因此我们可以分别预测当前至 2035 年劳动生产率和劳动力的增长率，之后求和得到相应的经济（潜在）增长率。我们认为这一方法相比于生产函数法要更为可靠。首先，我们多角度综合对比不同方法，发现影响经济增速的因素中，"劳动生产率"指标不仅简单直观，且跨国经验表明劳动生产率的横向差异及纵向变动是各经济体人均 GDP 差异及变动最主要的源泉，同时其潜在增速呈现非常明显的相对收敛规律，不需要做太多假设就可以进行预测。其次，对于"劳动力"指标而言，其主要受制于人口年龄结构和就业参与率，波动不会很大，

① 刘伟，陈彦斌. 2020—2035 年中国经济增长与基本实现社会主义现代化［J］. 中国人民大学学报，2020，34（4）：54–68.

② 中国社会科学院宏观经济研究中心课题组. 工业稳增长：国际经验、现实挑战与政策导向［J］. 中国工业经济，2022（2）：5–26.

③ 厉克奥博，李稻葵，吴舒钰. 人口数量下降会导致经济增长放缓吗？——中国人力资源总量和经济长期增长潜力研究［J］. 人口研究，2022，46（6）：23–40.

④ 张晓晶. 我国中长期增长的预测、挑战与应对［J］. 国外社会科学，2022（5）：36–42.

⑤ 中国社会科学院宏观经济研究中心课题组. 工业稳增长：国际经验、现实挑战与政策导向［J］. 中国工业经济，2022（2）：5–26.

有比较可靠的人口总数和人口年龄结构预测 2035 年的人口结构。

表 4 给出了基于这种方法的预测结果。结果显示：中国潜在经济增速将阶段下行，"十四五"时期将保持在年均 5.3% 左右，2026—2030 年及 2031—2035 年将分别降至每年 4.6% 和 3.7% 左右。延续这一预测，我们推断中国经济在 2020—2035 年将整体增长 104%，人均 GDP 将增长 102.5%，未来 15 年中国有潜力实现经济总量和人均收入都翻番的目标。

表 4 2021—2035 年中国经济增长潜力及中美差距

	区间平均潜在增长率（%）		期末相比 2020 年累计增长（%）		期末中国相对于美国的水平	
	GDP	人均 GDP	GDP	人均 GDP	GDP	人均 GDP
"十四五"期间	5.31	5.05	30.2	29.0	1.12	0.26
2026—2030	4.59	4.51	64.9	63.1	1.24	0.30
2031—2035	3.70	3.75	104.0	102.5	1.35	0.33

尽管中国经济增速不断趋缓，但得益于同时期比美国的增长速度高，中美之间的差距将不断收窄：预计 2035 年中国基于购买力平价的经济总量和人均 GDP 分别为美国的 135% 和 33%，相比于当前 98% 和 23% 的水平都有上升。

中国劳动生产率的增长从实际产出增长和汇率升值效应两个方面助推中国国际经济实力提升。我们上面的预测重点关注前一维度，而对人民币升值效应的影响考虑不够。国际经验表明，一国汇率的长期变动与其劳动生产率的变动密切相关。与此同时，我们的预测充分借鉴了中国就业增长与人口年龄结构变迁的历史演变规律，但未充分考虑中国未来生育和劳动力市场等有关政策调整的可能影响。

另外，我们并没有完全考虑国际局势变化和新技术革命带来的可能影响。上述预测结果着重借鉴了较好实现了增长潜力的先行经济体的增长经验。这些经济体都是开放和市场化程度较高、社会比较稳定的经济体，且相应发展阶段的经济表现很大程度上受益于全球化带来的分工合作与技术溢出。我们的预测已经考虑了先行经济体在与中国当前和未来一段时间的相似阶段上（主要为第二次世界大战以来至今近 70 年的时间），国际国内经济政治社会环境变化对经济增长的影响。但是中国当前与欧亚先行经济体的主要不同在于：一是中国的经济体量和人口规模大得多；二是地缘政治与国际关系的冲突和对抗性矛盾部分激化，疫情冲击尚未完全消弭；三是新的技术革命或将重塑全球经济结构和重组全球产业链布局进而改变全球竞争格局。中国作为世界超大经济体，拥有远比这些经济体更为完整的产业链和更为庞大的内循环市场，这意味着中国在抗击各种风险时有着更为强大的底层保障和经济韧性，同时这也意味着中国在嵌入全球价值链和参与国际分工过程中对国际经济和政治秩序的影响要大得多。因此，中国要实现上面预测的经济增长潜力，需要更加高超的智慧来扬长避短，应对更为错综复杂的国际国内环境。

我们将上述不利因素粗略考虑在内，再次模拟潜在增长率，结果显示：中国潜在经济增速在"十四五"时期因之下调 0.22~0.25 个百分点至年均 5.1% 左右，2026—2030 年及 2031—2035 年分别下调 0.15~0.17 及 0.13~14 个百分点，降至每年 4.4% 和 3.6% 左右。受此影响，中国经济在 2020—2035 年将整体增长 102.1%，人均 GDP 将增长 100.8%。因此，多重困难下，未来 15 年内中国依然有一定的潜力实现经济总量和人均收入都翻番的目标，但前景仍难乐观。

2. 产业结构

我们此前分析中得到了三次产业结构与相应人均 GDP 的相关关系，结合上节所得各年人均 GDP 的预测值，可以预测 2035 年各年的三次产业结构。

预测结果显示：中国第一产业份额将不断趋于下降，"十四五"时期下降 0.8 个百分点至 6.5% 左右，2026—2030 年和 2031—2035 年分别下降 0.5 和 0.3 个百分点，2035 年时降至 5.5% 左右；第二产业份额短暂上升后趋于下降，2035 年时为 37.6% 左右；第三产业份额则不断趋于上升，2035 年时为 56.9% 左右。

表5　2021—2035 年中国三次产业结构　　　　　　　　　　　（单位：%）

	第一产业	第二产业	第三产业
2021	7.3	39.4	53.3
2025	6.5	39.1	54.4
2030	5.9	38.4	55.7
2035	5.5	37.6	56.9

五、政策建议

中国经济 2035 年翻番目标有潜力实现，但是难以乐观。而且增长潜力给出了最佳状态，不等于实际经济表现。从增长潜力的影响因素分析看，我们需要科学制定政策，重点提升劳动生产率，同时配合促进劳动力供给和就业的政策，改善投资消费结构等，多管齐下充分实现经济增长潜力。具体包括：

1. 优化劳动力资源配置，破除阻碍劳动力流动的制度障碍。进一步推进以人为核心的新型城镇化，推进深化户籍制度、土地制度等改革，促进劳动力从农业向非农业尤其是第二产业转移，鼓励和创造条件让有能力在城镇稳定就业和生活的农业转移人口融入城镇，为城镇化和产业升级提供坚实支撑力量。同时改善社会保障系统，让劳动力更容易在产业之间、地区之间流动，促使劳动力从低生产率部门向高生产率部门转移，进而促进产业升级。不要让养老、医疗或孩子的教育成为劳动力流动的阻碍。

2. 围绕鼓励自主创新、鼓励产业升级和聚集来深化制度变革，激活经济增长原动力。围绕创新驱动发展战略，营造自主创新友好氛围，完善科技创新体系建设，推进产学研有机联合实现科技成果及时高效转化，发展自主创新的金融服务体系，加快高精尖和核心技术自主研发。充分利用好大国经济的规模和韧性优势，有效引导不同地区间的产业结构调整和转移，坚持调整存量与优化增量并举，审慎把握产业链安全稳定与优化升级的平衡节奏，加快制造业产业集群和优势特色产业链建设，推进产业结构高端化、智能化、绿色化发展。

3. 以市场为基础，发挥有为政府的引导作用，优化投资结构和提升投资质量，有序引导投资率阶段下行，改善投资－消费结构。中国当前投资率水平偏高，不利于中国经济的良性运转，但投资对经济增长和改善人民生活仍然至关重要，因此在控制投资总量、逐步降低投资率的同时优化投资结构和投资质量，是重中之重。建议扶持绿色采购、支持可再生能源的部署，在更加清洁的生产技术和能源供应方面加大投入；平衡政府和市场的作用，鼓励更多的私人投资；改善投资规划，厘清各级政府间的支出责任，加强问责和协调机制；完善金融体系，引导金融市场和资本市场更好地服务于实体经济的平衡协调发展。

4. 多举措提升人力资本投资。教育提升是模仿学习和自主创新、实现生产效率提升和高质量发展的重要支撑。深入推进基础教育均衡发展；提高职业教育的质量并消除职业教育和普通教育间的壁垒；有条件的地区将高中教育和学前教育纳入免费教育的覆盖范围；进一步扩大高等教育覆盖面，进而壮大高技能人才队伍。同时，优化教育投资结构，鼓励并规范引导各类民间资本进入教育培训市场，多维度提供各类教育培训服务，提升各阶层人士的技能水平。最后，可以通过税收减免等优惠措施鼓励和引导劳动力多角度提升职业技能，包括在职培训和成人培训。

5. 加强生育和养育保障，构建生育养育友好型社会。国际经验表明，单纯调整计划生育政策对生育意愿和生育行为影响有限，建议在教育、医疗、税收等多个方面施策，切实减轻生育焦虑和养育负担。比如，有条件的地区实现免费的学前教育和高中教育；鼓励并引导托育服务市场健康有序多元化发展，规范托育服务市场准入条件及运营环境；多渠道提升教育资源供给，让孩子上学，特别是流动人口的子女上学，不再成为难题；扩大个人所得税教育医疗专项附加扣除覆盖范围，适当提高幼儿照护费用及子女教育支出等的扣除额度；完善生育保险制度并扩大生育保险覆盖范围，同时延长父亲产假；落实政府切实分担生育成本的责任和机制，减轻企业负担等。

6. 重新审视和理性对待退休及老年的概念。现阶段我国法定退休年龄相比当前人均预期寿命和养老体系可持续发展的需要明显偏低。与此同时，中国当前劳动力的就业意愿、就业形态和用工方式等也发生了非常大的变化。可以设计推行"可选择的弹性退休"制度，并建立与之相适应的养老金调节机制，在平衡养老保险基金压力的同时，给予劳动力更多自由选择空间，让"养老"作为一种社会保险制度安排不再直接挂钩于"退休"这种劳动力市场状态。此外，完善老年大学、退休再就业培训等公共服务，大力发展银发经济，树立积极老龄观念，鼓励老年人群各尽所能，延长人力资源的价值创造期，增强老年人群的获得感和幸福感。同时，为了减轻企业雇佣老年人的成本，可以适当设计推行老年人再就业补贴。

生产率重于生育率

刘培林　刘泰然

1. 导言

第七次全国人口普查表明，2020 年中国育龄妇女总和生育率为 1.3，已经处于较低水平。① 2022 年中国人口总量开始减少。生育率降低也是世界范围内的一个普遍趋势。从图 1 可见，过去 60 年各收入水平的经济体总和生育率都呈现下降趋势，其中高收入经济体早在 40 年前就降到 2 以下，且最近 10 年来稍有下降，上中等收入经济体也在 20 世纪 90 年代后期降到 2 以下，未来几十年内生育率降低态势几乎不可逆转。

沃勒塞特等人（Vollset et al. , 2020）预测，女性受教育水平和避孕措施的可获得性提高，将进一步降低 50 岁时的世代生育率（completed cohort fertility at age 50 years），在基准情形下，到 2100 年全球总和生育率将降到 1.66。这意味着，作为人类文明成果的女性教育水平提高和避孕措施的普及，将不可避免地降低生育率。

---

* 刘培林，浙江大学区域协调发展研究首席专家、研究员，浙江大学共享与发展研究院副院长、嘉兴学院长三角一体化研究中心联合主任；刘泰然，加州大学圣迭戈分校 Muir 学院。本文为国家社科基金重大项目（22ZDA019）的阶段性研究成果。

① 参见"国务院新闻办就第七次全国人口普查主要数据结果举行发布会"，http://www.gov.cn/xinwen/2021 – 05/11/content_5605842. htm。

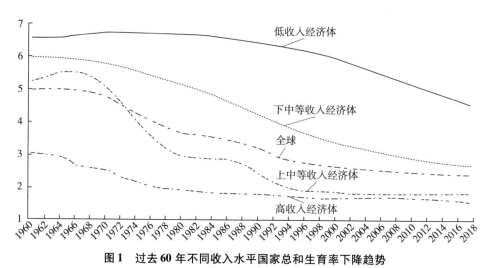

图1　过去60年不同收入水平国家总和生育率下降趋势

资料来源：World Bank, World Development Indicators, https：//databank. worldbank. org/reports. aspx? source = world-development-indicators#。

　　低生育率和人口年龄结构老化，会带来许多新的挑战。比如，古德哈特和普拉丹（2021）指出人口老龄化导致老年疾病增多，对低能和失能老人个性化照护的需求增多且很难通过自动化技术加以解决。这些新问题的确需要通过转变医疗研发资源投向、调整劳动力特别是服务业劳动力配置等加以应对。

　　部分学者认为低生育率会拖累经济增长。梁建章和黄文政（2021）认为，"十四五"期间最关键的政策就是人口政策，人口下降会带来经济规模萎缩。为了保持一定的人口规模和刺激经济，梁建章、任泽平、黄文政等（2021）主张中国应以GDP的5%来鼓励生育，以便把生育率从2021年的低点逐步提升到1.6，即发达国家的平均生育率水平。

　　我们认为，在人口－经济－社会－资源环境构成的系统中，人口扮演着重要的角色。人口规模、人口年龄结构的重大变化，既是这个系统内部各因素相互作用的结果，也是这个系统进一步演化的原因。扩大人口规模、提高年轻人口比重可以增加劳动力供给、减轻社会总负担、扩大消费，然而人口的低增长一定程度上也有助于减轻资源承载压力、改善生态环境、降低碳排放等。这个系统内部的相互作用如此复杂，以至于抽象掉社会和资源环境因素，只考虑人口与经济之间的关系，并且在这两者的关系中仅仅考虑人口对经济的作用而不考虑经济对人口的反作用，也没有公认的结论。

　　目前围绕人口增长对经济增长的作用问题，大致有三种认识，即促进论、制约论或无关论（宋书杰和陆旸，2020）。之所以如此，我们认为很大程度上是因为不同的研究者使用的方法和数据、研究的时期有别。在关于人口增长特别是人口红利和经济增长的关系方面，陆旸（2020）做了一项扎实而全面的研究。该研究在给出人口红利机会窗口期的数量界定的基础上，分析了人口红利在什么样的条件下才能推动经济增长。

本文的目的在于，基于陆旸（2020）给出的人口红利机会窗口期的数量界定，进一步将有关国家和地区的 GDP 增长进行分解，以定量刻画不同情景下人口红利对经济增长的贡献到底有多大。在此基础上，本文也将借鉴其他权威学者对更长历史时期的研究，拓展关于人口和经济关系的认识。本文的一个基本结论是，单单就人口和经济增长的关系而言，即使是人口红利机会窗口期成功发挥了人口红利作用的经济体，其劳动力数量增长的贡献也小于劳动生产率增长的贡献。该结论有两方面的政策含义：第一，判断未来中国经济增长潜力，既要考虑人口因素，更要考虑劳动生产率的增长前景；第二，为促进未来经济增长，既要鼓励和引导生育，更要着力深化改革，促进劳动生产率提升。

本文其余部分结构如下：第 2 节简要综述有关研究；第 3 节分析二战以来的经济增长历史经验呈现的劳动力增长和经济增长关系的典型事实；第 4 节分析更长时期经济增长历史经验呈现的劳动力增长和经济增长关系的典型事实；第五节围绕生育率影响经济增长的多方面机制展开分析；第 6 节是结论。

2. 文献综述

人口增长与经济发展之间的关系一直都是人口经济学界争论不休的话题，有些文献认为人口增长对经济发展产生消极影响，有些则强调其积极影响，有些则认为两者关系不大。

2.1 人口增长拖累经济增长说

持该观点的文献认为，人口快速增长会使居民家庭将更多的收入用于新增人口消费，从而降低储蓄率和投资率，导致生产性投资减少。同时，人口增长可能降低人均投资，进而导致人均 GDP 减少。在索洛（Solow，1956）的经济增长模型中，给定其他条件不变，人口增长率越高，则稳态的人均收入水平越低。科尔等人（Coale et al.，1958）通过模拟 1956—1978 年的数据发现，较低的人口增长率将导致较快的人均收入增长。

2.2. 人口增长促进经济增长说

还有一些文献强调人口增长对经济发展的积极作用。库兹涅茨（Kuznets，1967）认为较多的和不断增长的人口与大规模的国内市场相关，而大规模的国内市场将会促进许多工业部门进行大规模的专业化生产。

随着时间的推移，人们观察到不少国家，尤其是当今收入水平较高的国家，人口结构经历了由高生育率和高死亡率向低生育率和低死亡率的转型。转型过程中由于死亡率下降先于生育率下降，导致一段时期内人口年龄结构年轻化，人口抚养比降低，这会成为经济增长的额外推动力量。美国学者布鲁姆和威廉姆森（Bloom and Williamson，1988）把人口年龄结构年轻化对增长的额外带动称为人口红利。自从人口红利概念提出后，人们逐步认识到，是人口结构比如年龄结构而不是人口总量对经济施加着更为重要的影响。因此人口年龄结构和经济增长的关系问题长期以来就一直广受关注。

不少研究认为，在年轻化的人口年龄结构下，经济增长会更快；而人口年龄结构老化，则会拖累经济增长。比如，在解释20世纪60年代以后日本与亚洲"四小龙"等经济体创造的"东亚奇迹"，以及西方经济史上新大陆的经济增长超过旧大陆时，一些经济学家发现，人口年龄结构的改善引致人口抚养比下降，为经济增长做出了很大贡献，可以解释稳态增长率部分的25%～100%不等（Bloom et al.，1997；Williamson，1997）。

再比如，蔡昉等人（2005）围绕1982—2000年中国经济增长的分析发现，总抚养比每降低1个百分点，导致经济增长速度提高0.15个百分点。总抚养比下降推动人均GDP增长速度上升2.3个百分点，大约对同期人均GDP增长贡献了1/4。也有一些发达国家的学者在分析发达经济体陷入长期停滞时，将人口红利消失作为一个重要的原因（Gordon，2012）。

2.3 人口增长与经济增长无关说

有些实证研究则发现人口增长与经济增长之间并没有明显的关系。如伊斯特林（Easterlin，1967）将37个发展中国家按其在1957—1958年到1963—1964年间的人口增长率分为六组，分析这六组国家实际人均收入增长率的分布，发现人均收入与人口增长率之间并没有确定的正向或负向关系。

近期一项关于人口红利与经济增长关系的实证研究来自陆旸（2020）。该文为了全面深入地分析人口红利和经济增长的关系，专门界定了人口红利机会窗口，即"劳动年龄人口占比持续增长和劳动年龄人口数量持续增长阶段的重合时期"。而形成机会窗口的前提条件是，总和生育率在30年时间内从4以上降至人口更替水平2.1以下。如果总和生育率的下降速度很慢，人口转型时间拉长，就难以形成人口红利机会窗口。

在此基础上，该文又对曾经出现过人口红利机会窗口的国家按照人口红利大小分为三类。其中，劳动年龄人口占比年均提高幅度大于0.35个百分点，且劳动年龄人口数量年均增长率大于1%的，是典型人口红利时期；劳动年龄人口占比年均提高幅度大于0.25个百分点、小于等于0.35个百分点，且劳动年龄人口数量年均增长率大于1%的，是弱人口红利时期；劳动年龄人口占比年均提高幅度小于等于0.25个百分点，或劳动年龄人口数量年均增长率小于等于1%的，是有潜在人口红利机会窗口却未实际享受到人口红利的时期。在这个人口红利机会窗口期内，人口年龄结构年轻化会提升劳动力供给和储蓄率等，进而可以提高经济增长潜力，因此被该文归为供给侧条件，但这仅仅是人口红利的必要条件，是经济增长的潜力。该潜力要转化为现实经济增长的充分条件，则是在需求侧通过经济政策扩大总需求。

该文发现，在供给和需求侧条件综合作用下，三类大小不同的人口红利时期①及其前期和后期，GDP年均增速与人口红利的关系是多种多样的：典型人口红利机会窗口期的GDP年均增速高于前期和后期的水平；弱人口红利机会窗口期GDP年均增速普遍低于前期的水平；在有潜在人口红利机会窗口却未实际享受到人口红利的时期，GDP年均增速并未显著高于前期和后期的水平。

作为一项非常重要而有说服力的经验研究，该文的工作表明，人口年龄结构、人口红利和经济增长之间并不存在无条件成立的正向或反向关系。但是，关于人口红利和经济增长的定量关系，还值得进一步深入分析。

---

① 陆旸（2020）只对人口红利窗口期进行了定量界定，而未对人口红利机会窗口的前期和后期做具体的定量界定。

3. 20 世纪中叶以来经济增长动力的典型事实

本文在陆旸（2020）对人口红利机会窗口大小分类的基础上①，将 GDP 增长分解为劳动年龄人口的增长和劳动生产率的增长。其中劳动年龄人口是指 15~64 岁的人口。这种分解的前提假设是所有劳动年龄人口都就业。具体来说，GDP 等于劳动年龄人口数量乘以劳动生产率，可以表示为下式：

$$GDP_t = L_t \times P_t \tag{1}$$

这是因为总和生育率下降速度慢就意味着总抚养比下降速度也慢，整个社会中劳动年龄人口占比提高速度就慢。对上式两边取自然对数并对时间求导，就得到：

$$\dot{GDP} = \dot{L} + \dot{P} \tag{2}$$

（2）式中三个变量依次代表 GDP 年均增速、劳动年龄人口年均增速和劳动生产率年均增速。②

从（2）式还可以得出：

劳动力增长对 GDP 增长的贡献度 $= \dot{L}/\dot{GDP} \times 100\%$

劳动生产率增长对 GDP 增长的贡献度 $= \dot{P}/\dot{GDP} \times 100\%$

具体的分解核算结果见表 1。

如果（2）式中劳动年龄人口年均增速大于甚至远大于劳动生产率年均增速，那么劳动力数量增长就是经济增长的主要推动力；否则，如果劳动生产率年均增速大于甚至远大于劳动年龄人口年均增速，那么，推动经济增长的主动力就是劳动生产率提升而非劳动力数量增长。从表 1 的分解核算中可以看出几个关于经济增长的典型事实。

第一，在大部分情形中劳动生产率对经济增长的拉动作用要大于劳动力数量增长的拉动作用。在表 1 所列的 12 段典型人口红利机会窗口期中，有 10 段劳动生产率增速高于劳动年龄人口增速；在 9 段弱人口红利机会窗口期中，有 5 段劳动生产率增速高于劳动年龄人口增速；在 17 段没有享受到人口红利的时段中，也有 14 段劳动生产率增速高于劳动年龄人口增速；在全部 102 个时段中，81 个时段的劳动生产率增速高于劳动年龄人口数量增速。也就是说这

---

① 本文因为数据关系，没有分析撒哈拉以南非洲地区。

② 由于这里只能按照年数进行差分分解而不能进行微分分解，所以，劳动年龄人口年均增速与劳动生产率年均增速之和与 GDP 年均增速有一定的出入。

表1 GDP、劳动力和劳动生产率年均增速

（单位：%）

	机会窗口前期				机会窗口期				机会窗口后期			
	起止年	GDP	劳动力	生产率	起止年	GDP	劳动力	生产率	起止年	GDP	劳动力	生产率
典型人口红利国家												
中国	1961—1973	4.20	2.21	1.95	1974—2010	9.14	1.92	7.08	2011—2019	7.63	0.12	7.50
新加坡	1951—1963	6.03	3.85	2.11	1964—2010	7.08	3.12	3.84	2011—2019	3.45	0.87	2.56
日本：时期1					1951—1969	10.38	1.96	8.26	1970—1977	4.94	1.02	3.88
日本：时期2	1970—1977				1978—1992	3.91	0.81	3.07	1993—2019	0.75	−0.55	1.31
韩国	1954—1962	4.02	2.59	1.40	1963—2014	7.12	1.87	5.15	2015—2019	3.30	−0.09	3.40
越南	1959—1970	2.46	1.92	0.53	1969—2013	5.97	2.51	3.38	2014—2019	7.80	0.73	7.02
泰国	1951—1969	6.58	2.71	3.77	1970—2010	5.98	2.33	3.57	2011—2019	2.57	0.22	2.35
马来西亚	1956—1964	5.96	2.54	3.33	1965—2019	6.56	2.87	3.58				
爱尔兰	1951—1977	3.32	0.27	3.04	1978—2005	4.18	1.50	2.64	2006—2019	4.65	0.68	3.94
哥伦比亚	1951—1964	4.68	2.50	2.12	1965—2019	4.06	2.47	1.55				
加拿大：时期1	1953—1962	4.50	1.99	2.46	1963—1985	4.01	2.13	1.84	1986—1994	2.12	1.14	0.96
加拿大：时期2	1986—1994				1995—2008	3.46	1.23	2.21	2009—2019	1.80	0.65	1.14
弱人口红利国家												
荷兰	1951—1960	4.35	0.97	3.35	1961—1989	3.48	1.34	2.12	1990—2019	1.87	0.24	1.63
美国：时期1	1951—1962	3.71	0.94	2.75	1963—1985	3.61	1.41	2.17	1986—1994	2.74	0.80	1.93
美国：时期2	1986—1994				1995—2008	3.16	1.22	1.91	2009—2019	1.89	0.51	1.37
新西兰：时期1	1951—1961	4.13	1.65	2.44	1962—1990	2.28	1.58	0.68	1991—1997	3.12	1.35	1.74

（续表）

	机会窗口前期				机会窗口期				机会窗口后期			
	起止年	GDP	劳动力	生产率	起止年	GDP	劳动力	生产率	起止年	GDP	劳动力	生产率
新西兰：时期 2	1991—1997				1998—2008	3.56	1.37	2.15	2009—2019	3.06	0.72	2.32
菲律宾	1951—1964	6.20	2.97	3.13	1965—2019	4.48	2.85	1.58				
墨西哥	1951—1968	6.31	2.66	3.56	1969—2019	3.15	2.50	0.63				
巴西	1951—1964	7.12	2.64	4.37	1965—2019	3.89	2.26	1.60				
智利	1952—1964	4.14	-1.82	2.28	1965—2014	4.31	1.82	2.44	2015—2019	2.49	1.23	1.24
有潜在人口红利机会窗口但并未享受到人口红利国家												
德国	1951—1972	6.16	0.24	5.90	1973—1986	1.82	0.63	1.18	1987—2019	1.55	-0.01	1.57
意大利	1951—1976	5.28	0.58	4.67	1977—1991	2.91	0.69	2.20	1992—2019	0.50	-0.05	0.56
英国	1951—1973	3.17	0.14	3.02	1974—1985	1.21	0.50	0.70	1986—2019	2.52	0.44	2.06
比利时	1951—1969	3.74	0.15	3.58	1970—1986	2.40	0.61	1.77	1987—2019	2.02	0.29	1.73
卢森堡	1951—1970	3.69	0.32	3.36	1971—1987	3.06	0.91	2.13	1988—2019	3.26	1.61	1.62
芬兰	1951—1960	5.32	0.80	4.48	1961—1984	3.94	0.78	3.13	1985—2019	1.89	0.08	1.81
法国	1951—1973	5.43	0.70	4.69	1974—1988	2.47	0.90	1.56	1989—2019	1.69	0.27	1.41
瑞士	1951—1973	4.68	1.15	3.48	1974—1989	1.29	0.64	0.65	1990—2019	1.37	0.77	0.59
南非	1951—1966	4.35	1.99	2.32	1967—2014	3.44	2.54	0.89	2015—2019	0.91	1.41	-0.49
奥地利	1961—1972	4.77	0.01	4.76	1973—1988	2.42	0.73	1.67	1989—2019	1.77	0.43	1.33
西班牙	1951—1973	7.00	0.69	6.27	1974—2005	3.00	1.05	1.93	2006—2019	0.43	0.08	0.35
葡萄牙	1951—1972	6.05	0.08	5.96	1973—2000	3.57	0.89	2.66	2001—2019	0.35	-0.30	0.65

希腊	1952—1972	6.97	0.54	6.39	1973—1999	2.08	1.13	0.94	2000—2019	-0.03	-0.58	0.56
丹麦	1951—1974	3.95	0.65	3.27	1975—1993	1.40	0.43	0.97	1994—2019	2.00	0.18	1.81
阿根廷	1961—1989	1.80	1.39	0.41	1990—2019	3.17	1.33	1.82				
澳大利亚：时期1	1951—1961	3.06	1.65	1.39	1962—1991	3.69	1.98	1.68	1992—1996	3.93	1.05	2.85
澳大利亚：时期2	1992—1996				1997—2008	4.40	1.48	2.88	2009—2019	2.05	1.13	0.91

注：（1）本表在陆旸（2020）表2（以下简称"原表"）的基础上整理而来。出于数据可得性考虑，本表与原表的区别有：原表中的"至今"指的是到2018年，本表全部顺延到2019年；原表中的机会窗口后期界定为2017年、2018年，本表全部顺延到2019年；日本表的机会窗口前期起始年份由原表的1940年改为1951年；新加坡的机会窗口的1950年起始年份改为1951年。（2）某时期年均增长率，如由原表的机会窗口前期1的GDP增速，是对1973年GDP与1960年GDP比值开13次方得到的；中国的机会窗口前期1961—1973年的GDP增速，是对1973年GDP与1960年GDP比值开13次方得到的。

资料来源：（1）GDP增速根据Penn World Table 10.0（Feenstra, et al., 2015）中的RGDPNA得出。其中新加坡1950年、越南1959年、智利1950年的GDP，则是结合Penn World Table 10.0报告的更早年份的RGDPNA以及Maddison（2006）中报告的GDP增速折算得出。（2）劳动力增速来源于United Nations, Department of Economic and Social Affairs, Population Division（2019）POP/DB/WPP/Rev.2019/POP/F15 – 1中"Estimates, 1950 – 2020"的15~64岁人口。（3）劳动生产率增速是各时期劳动生产率（GDP/劳动力）的几何平均增速。

81 个时段中劳动生产率增长对 GDP 增长的贡献度均超过一半。其中劳动生产率增长对 GDP 增长贡献度超过 60% 的有 63 个时段，超过 70% 的时段达到 48 个。

第二，越是高经济增速时段，劳动生产率的相对贡献越突出。比如，中国在 1974—2010 年的潜在人口红利机会窗口期实现了高速增长，GDP 年均增速达到 9.14%。其中劳动力数量和劳动生产率年均增速分别为 1.92% 和 7.08%。也就是说，这个时期中国经济增长动力中，劳动力数量增长的贡献度只有约 20%，劳动生产率提升的贡献度则将近 80%。[1] 再比如，日本在 1951—1969 年实现了超高速增长，GDP 年均增速高达 10.38%，劳动力数量增长的贡献度不足 20%，其余 80% 多来自劳动生产率增长。又比如，韩国在 1963—2014 年 GDP 年均增速也高达 7.12%，其中劳动力数量增长的贡献度只有 1/4，其余将近 3/4 的贡献度来自劳动生产率增长。

第三，即使不处在人口红利潜在机会窗口期，依靠高生产率增速仍然能够实现高速增长。表 1 中被归为无人口红利的那一组样本中，从人口红利机会窗口前期的情形可以看出这一点。观察这些国家在所谓人口红利机会窗口前期（即二战结束到 20 世纪 70 年代初的时期），西欧大部分经济体经济增长率实际上很高，这些高增长也主要是生产率提升而非劳动力数量增加推动的。这意味着，只要生产率水平提升速度足够快，即便没有人口红利，也可以实现高速增长。

第四，虽有过人口红利潜在机会窗口，但窗口期经济增速低于之前或之后时期，主要原因也是劳动生产率增速比之前或之后时期慢。这个典型事实对应于表 1 中被称为无人口红利的那一组样本，其中大部分是发达国家，人口红利机会窗口期的前期基本结束于 20 世纪 70 年代初。尽管接下来进入人口红利机会窗口期之后大部分国家劳动年龄人口年均增速高于前期的水平，但劳动生产率年均增速却大多低于前期的水平。最终效果是人口红利机会窗口期 GDP 年均增速普遍低于前期的水平。这个现象与其解释为没有享受到人口红利，倒不如归因于劳动生产率增速放缓抵消了人口红利带来的增长效应。

第五，劳动年龄人口高增速并不总是甚至在很多时候并不伴随着劳动生产率的高增速。这一点可以从前面归纳的几个典型事实中推导出来：到目前为止

---

[1] 肖祎平和杨艳琳（2017）基于 1987—2015 年人口普查数据的分析发现，劳动年龄人口比重每增加 1 个百分点，实际人均 GDP 增加 1.9%，但主要通过提高生产要素使用效率促进经济增长。

的历史经验中，既可以看到劳动年龄人口数量高增速伴随劳动生产率高增速的情形（上面第一条、第二条典型事实）；也有劳动年龄人口数量低增速伴随劳动生产率高增速的情形（上面第三条典型事实）；还有劳动年龄人口数量高增速伴随劳动生产率低增速的情形（上面第四条典型事实）。

这一条典型事实的一个重要含义是，劳动生产率高增速不能用劳动力数量高增速加以解释，也就是说，所谓人口红利并不能促进劳动生产率提升。具体来说，理论上，劳动力年龄结构可以通过多方面机制影响劳动生产率。一方面，假定其他条件不变，越年轻的劳动力体力越好、反应越灵敏，这意味着劳动力年龄结构越年轻，则全部劳动力的平均劳动生产率会越高。假定其他条件不变，如果新加入劳动力队伍的年轻劳动力随着发展水平提升而获得更好的教育，且掌握的知识和社会的产业结构相匹配，就意味着劳动力年龄结构越年轻，全部劳动力的劳动生产率会越高。但是反过来，假定其他条件不变，年资越高的劳动力通过边干边学积累的经验和技能越丰富，意味着劳动力年龄结构越年轻，全部劳动力的平均劳动生产率会越低。由此可见，人口年龄结构和人口红利和劳动生产率之间的关系并不确定。

上述几条典型事实归结起来，可以说，经济增长根本上是一个生产率现象。就二战以来的经济增长而言，劳动生产率提升的贡献远比劳动力数量增长的贡献更大。对经历过高速增长的经济体而言，其之后时期经济增长速度减慢的主要原因也是劳动生产率增速放缓，而非劳动力数量增速放缓。

4. 更长时期的典型事实

为归纳更长历史时期内经济增长动力的典型事实，下面基于麦迪森（2006）的世界经济统计数据，根据（2）式对过去 2 000 年中的经济增长进行分解。当然，麦迪森的数据中只有总人口而没有人口年龄结构和劳动力数据，所以，这里的分解实际上隐含地假定劳动年龄人口占总人口的比重是稳定的。考虑到人口转型是 20 世纪中叶以来才广泛发生的，所以，这样的假定不会带来系统性偏差。

表 2 是欧洲 12 个主要经济体、人口规模较大的东亚 16 个经济体和全球的分解情况。从该表可以看出，在工业革命发生前，人类以农业经济为主，不能摆脱"马尔萨斯陷阱"，所以人口和人均产出水平提升相当缓慢，相应地经济总产出的增长也就很慢，始终没有超过年均 1% 的水平。

进入 19 世纪，西欧国家在工业革命之后率先摆脱"马尔萨斯陷阱"，进入工业经济为主的时代。更发达的经济带来了更好的生活水平，使人口规模增速有一定幅度的提高，但推动经济增速跃升到接近 2% 的主要动力是人均产出水平而非人口增速的提升。

这些更长历史时期的典型事实也表明，经济增长主要是一种生产率现象而非人口现象。更深入地剖析长期经济史，以下三方面情况也进一步证明了这一点。

第一，更精细和准确地衡量劳动投入，可以发现生产率提升对产出的贡献更大。上面的分析中按人数衡量劳动投入，而劳动投入更准确的衡量指标应该是工时投入。福格尔（Fogel，1999，表 2）表明，美国男性劳动力 1880 年每天工时投入为 8.5 小时，而到了 1995 年则降到 4.7 小时。而同期闲暇时间则由 1.8 小时提高到 5.8 小时。宾夕法尼亚大学世界统计表（Feenstra，2015）显示，大部分发达国家年工作小时数在过去半个多世纪中都有明显的下降趋势。一些后发追赶型经济体在经济起飞之后一段时期内工时数呈现增加态势，但达到一定发展阶段之后也开始下降。这就意味着如果用工时数而不是人数来

表 2　GDP、人口和人均 GDP 年均增速　　　　　　　　　（单位：%）

起止年份	欧洲 12 国			东亚 16 个经济体			全球		
	GDP	人口	人均 GDP	GDP	人口	人均 GDP	GDP	人口	人均 GDP
1—1000	−0.03	0.01	−0.03				0.01	0.02	0.00
1000—1500	0.31	0.18	0.13				0.14	0.10	0.04
1500—1600	0.39	0.26	0.13				0.29	0.24	0.05
1600—1700	0.22	0.10	0.13				0.11	0.08	0.03
1700—1820	0.70	0.52	0.19				0.63	0.55	0.08
1820—1870	1.79	0.71	1.07	0.02	0.14	−0.12	0.96	0.41	0.55
1870—1913	2.14	0.79	1.34	1.05	0.55	0.50	2.12	0.79	1.31
1913—1940	1.45	0.32	1.13				1.87	0.93	0.93
1950—2008	3.06	0.45	2.61	5.60	1.77	3.76	3.97	1.69	2.24

注：欧洲 12 国包括奥地利、比利时、丹麦、芬兰、法国、德国、意大利、荷兰、挪威、瑞典、瑞士、英国；东亚 16 个经济体包括中国、印度、印尼、日本、菲律宾、韩国、泰国、台湾地区、孟加拉国、缅甸、香港地区、马来西亚、尼泊尔、巴基斯坦、新加坡、斯里兰卡。

资料来源：根据 Maddison（2006）的数据计算得出。

衡量劳动投入的话，劳动投入的增速及其对经济增长的相对贡献会更低，而工时劳动生产率的增速及其对增长的相对贡献会更高。

第二，考虑到目前 GDP 核算方法存在的误差，劳动生产率相对于劳动力数量对经济增长的决定性作用更大。很多学者（Feldstein，2017；Fogel，1999；Griliches，1994）指出，由于目前占经济很大比重的服务业的产出水平实际上是以生产投入的大小度量的，所以目前的 GDP 水平、增速以及相应的劳动生产率水平和增速，显然都是被低估的。不难理解，如果能准确度量 GDP 和劳动生产率，那么劳动生产率相对于劳动力数量而言，对经济增长的贡献会更加突出。

第三，人口转型、人口红利本身也是生产率提升的结果。人口乃至劳动力数量，事实上也是农业生产率和工业革命取得突破之后才得以快速增长的。福格尔（1999）指出，公元 1700 年前后爆发的第二次农业革命对食物生产率的提升效果，远超第一次农业革命，使得全球人口规模曲线几乎由水平转为垂直（见图 2）。笔者认为，第二次农业革命使人类社会摆脱了"马尔萨斯陷阱"，

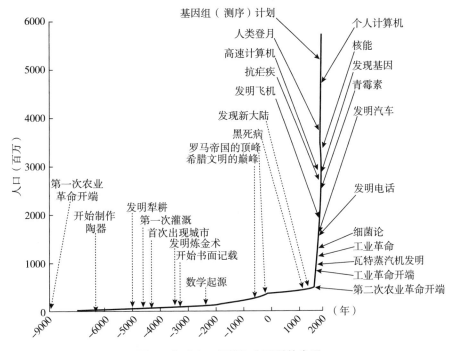

图 2　全球人口规模和主要科技发明

资料来源：Fogel（1999）。

并为工业革命创造了条件。原因在于：倘若没有摆脱"马尔萨斯陷阱"，那么大部分劳动力势必在农业部门中从事农业生产以糊口，没有余力在非农活动领域进行探索。也就是说，农业技术的突破性进步及其带动的农业生产率提升，是人口增速和人口规模大幅提升的前提，反之则不然。

5. 生育率影响经济增长的其他机制

以上仅从一个角度分析了劳动力数量、生产率和经济增长的关系，生育率影响经济增长的机制和渠道涉及很多方面，下面就此展开进一步的分析。

上文主要从供给侧分析了生育率对经济增长的作用，发现劳动生产率提升是推动经济增长的主要动力。而劳均物质资本水平提升则是推动劳动生产率增长的主要动力。这就涉及另外一个问题：劳均物质资本水平提升是不是人口红利推动的？之所以提出这个问题，是因为从理论上讲，人口红利机会窗口期的人口抚养比降低有可能推高储蓄率。这一可能性的前提是消费的生命周期假说，即一个人的储蓄行为主要发生在工作期间，此前的成长时期和此后的退休时期都不储蓄。我们认为，如在假设代际生产率和收入水平固定不变的前提下分析全社会加权平均储蓄率，那么这一理论上的可能性或许有一定道理。但是如果后代人的生产率和收入水平是日益提高的，那么，即使没有人口红利，全社会的人均储蓄总额也可能保持不变甚至逐步增长。宋书杰和陆旸（2020）的综述也表明，人口年龄结构和储蓄率之间并无确定的关系。

从供给侧看，生育率影响人口年龄结构，从而影响社会创新能力，进而影响经济增长。梁建章等人（Liang、Wang and Lazear，2018）认为，人口老龄化会抑制企业家精神。一般情况下，社会总人口中年轻人占比降低，往往意味着有冒险精神的人口占比会降低。刘培林和张鹏飞（2014）也认为，如果代际企业家和创新天才的出现概率不变，那么，生育率下降会降低每代人中新生的企业家和创新天才的数量，知识前沿拓展速度进而生产率水平的提升速度会因此放缓。不过，大量历史经验表明，潜在的企业家和创新天才能否切实推动技术进步和经济发展，取决于是否有让他们发挥作用的体制环境。竞争越公平、社会保障水平越高，则有更大比例的人口愿意和敢于无惧失败、参与试错和创业创新活动，潜在的企业家和创新者才会有更大的比例尽展其才；反之则反是。而好的体制环境也必然有利于生产率的提升，才能为较高的社会保障水平提供物质保障。一些国家人口众多但政局动荡、发展缓慢的现实表明，没有好的体制环境，即使潜在的企业家和创新天才数量很多，也无法脱颖而出。此外，随着收入水平提高，劳动者普遍的受教育水平和技能水平得到提升，可以在一定程度上抵消天才数量减少对生产率提升的影响。

生育率还影响人口规模，进而从需求侧作用于经济增长。我们想指出的是，有支付能力的总需求取决于人口规模、人均收入水平及收入分配状况。前文从经济增长的供给侧将经济产出增长分解为劳动力数量或人口数量增长、劳动生产率或人均产出增长。按国民经济核算的基本原理，作为总产出的 GDP 和总需求是镜像关系。不难想象，如果沿用本文前面的（2）式将总需求分解为人口数量增长和人均需求增长，其结论也必然是：推动总需求增长的主动力是人均需求增长而非人口规模增长。不难理解，人均收入水平和收入分配状况是需求规模更重要的决定因素。提高劳动参与率、就业率，并通过提高工作努力程度、技能水平、劳均资本装备水平提高生产率，是提高人均收入的根本途径，因此也是扩大全社会有支付能力的总需求的根本途径。①

生育率降低导致的老龄化，还影响经济体系比如公共财政尤其是社会保障安排的可持续性。提高生育率是解决这个问题的重要但非唯一途径。如果劳动生产率保持不变而只提高生育率的话，除非生育率提高到人口更替水平 2.1 之上，才能保障社保体系的财务可持续性；否则，如果生育率有一定程度的提高但是没有达到人口更替水平之上，那么，现阶段生育鼓励政策虽然在一段时期内多生出来一定数量的人口，但这些人口退休后同样会给社保体系的财务可持续性带来冲击。也就是说，在生产率不提高且生育率没有提高到人口更替水平之上的前提下，任何中短期的生育鼓励政策，最多只能将社保体系的财务不可持续性问题延后一段时间爆发，而不能从根本上解决该问题。由此可见，要提高社会保障体系的财务可持续性，更为现实和可取的选项是提高劳动生产率进而改善社保资金的筹集状况。

所有上述分析说明，人口规模和结构对社会经济发展无疑具有重要意义，但生育率和生产率不可偏废。贝克尔（Becker，1981）的经典分析表明，生育率会随着收入水平提高而降低。而本文导言给出的证据也充分证明了这一点。鉴于人口政策具有惯性和滞后性，人口趋势也很难在短期内出现根本性逆转。

---

① 比如，可以设想，人们的收入水平随着劳动生产率提高到很高程度之后，可以普遍地在南方和北方各有一套住房。

我们由此认为，在这种大趋势下，既要多措并举鼓励生育，更要着力提升劳动生产率。

6. 结语：以提高生产率为主线谋划新一轮全面改革

本文根据历史经验归纳出的关于经济增长的典型事实表明，如果说以往的高增长的拉动因素中人口红利有贡献的话，那么生产率高增长的贡献更大。这意味着，判断未来的增长前景，关键在于判断未来生产率的提升潜力。只要生产率能够持续快速提升，就无须对经济增长前景感到悲观。这也意味着，要促进未来的经济增长，更应该着力提升生产率。

围绕提升生育率，党的二十大报告提出，"建立生育支持政策体系，实施积极应对人口老龄化国家战略"，旨在着力构建生育友好的社会环境和政策体系，促进"人口长期均衡发展"目标的实现。我们想特别强调的是，提高生育率只应该在尊重人民群众生育自主权的前提下实施奖励或补贴生育的政策，而不能采用惩罚性政策，不能把当初为节制生育而实施的计划生育政策180度地逆转过来，强制或变相强制生育。

本文的分析还指出，与生育率相关的养老体系的财务可持续性，应该主要通过提高生产率加以改善。在老龄化程度加深的历史时期，真正需要政府关注的是如何发展医学特别是老年医学从而延长健康预期寿命，如何妥善照护失能老人，如何促进自动化智能化的照护设施研发推广等。这些方面的政策是无悔的政策，这些方面的投资是无悔的投资，由此积累的知识、形成的能力和技术，可以永远服务于人类。

围绕提升生产率的目标，则应该在不断改善监管水平的前提下，放开准入、公平竞争，才能形成人人参与、人人尽力的生动局面，进而推动实现党的二十大报告提出的"着力提高全要素生产率"。事实上，现行户籍制度以及绑定在其上的公共服务差别待遇，各种显性和隐性的人口流动壁垒，使我国现有人力资源不能优化配置，造成人力资源浪费。谋划新一轮改革时，与其追求生育率的提升，倒不如切实消除这些制约因素，将现有人力资源所蕴藏的潜力充分发挥出来，既能推动人的全面发展，提升生产率，也能壮大国家的整体实力。消除这些制约因素，不仅能在长期提升生产率，而且也许比现有其他生育促进政策更能有效提升生育率。

当然，人口规模大小也有很多其他方面的含义，比如人口规模大小往往与一国的国际影响力有很大关系，甚至有人将人口规模大小和文明兴衰联系起来。基于这些考虑，我们也想指出，与扩大人口规模的意义相比，提高劳动生产率的意义如果说不是更大的话，至少也是相当的。况且给定各国生育率都下降的趋势，中国即使不采取大力度的生育鼓励政策，在相对意义上仍将是全球性人口大国。

总之，本文归纳的典型事实表明，人民幸福生活根本上要靠劳动生产率的提高，而不是靠总人口规模的扩张。对新一轮全面深化改革而言，既要着眼于提高生育率，更要着力于解放人、激励人，促进全体人民自由全面发展，从而提高生产率。

参考文献

BECKER G S. A Treatise on the Family [M]. Cambridge：Harvard University Press, 1981.

BLOOM D E, WILLIAMSON J G. Demographic Transitions and Economic Miracles in Emerging Asia [J]. The World Bank Economic Review, 1998, 12 (3)：419 – 455.

CAI F, WANG D W. China's Demographic Transition：Implications for Growth [M]. Canberra：Asia Pacific Press, 2005.

COALE A J, HOOVER E M. Population Growth and Economic Development in The Low-Income Countries [M]. Princeton：Princeton University Press, 1958.

EASTERLIN R A. Effects of Population Growth in The Economic Development of Developing Countries [J]. The Annals of American Academy of Political and Social Science, 1967, 369 (1)：98 – 108.

FEENSTRA R C, INKLAAR R, TIMMER M P. The Next Generation of the Penn World Table [J]. The American Economic Review, 2015, 105 (10)：3150 – 3182.

FELDSTEIN M. Underestimating the Real Growth of GDP, Personal Income, and Productivity [J]. The Journal of Economic Perspectives, 2017, 31 (2)：145 – 163.

FOGEL R W. Catching up with the Economy [J]. The American Economic Review, 1999, 89 (1)：1 – 21.

GORDON R J., Is US Economic Growth Over? Faltering Innovation Confronts the Six Headwinds. NBER Working Paper, No. 18315, 2012.

GRILICHES Z. Productivity, R&D, and the Data Constraint [J]. The American Economic Review, 1994, 84 (1)：1 – 23.

KUZNETS S. Population and Economic Growth [J]. Proceedings of the American Philosophical Society, 1967, 111 (3)：170 – 193.

LIANG J, Wang H, LAZEAR E P. Demographics and entrepreneurship [J]. Journal of Political Economy, 2018, 126 (S1)：S140 – S196.

MADDISON A. The World Economy：Historical Statistics [M]. Paris：OECD Publishing, 2003.

SOLOW R M. A Contribution to the Theory of Economic Growth [J]. The Quarterly Journal of Economics, 1956, 70 (1)：65 – 94.

UNITED NATIONS, Department of Economic and Social Affairs, Population Division. World Population Prospects 2019：Rev. 1 [R]. [2022 – 10 – 28]. https：//population. un. org/wpp/Download/Standard/Population/.

EMIL V S, EMILY G, YUAN C W, et al. Fertility, mortality, migration, and population scenarios for 195 countries and territories from 2017 to 2100: a forecasting analysis for the Global Burden of Disease Study. [J]. Lancet (London, England), 2020, 396 (10258): 1285 – 1306.

古德哈特，普拉丹. 人口大逆转：老龄化、不平等与通胀 [M]. 廖岷，缪延亮，译. 北京：中信出版集团，2021.

梁建章，黄文政. "十四五"时期的关键政策是人口政策 [J]. 企业观察家，2021（02）：64 – 65.

梁建章，任泽平，黄文政等. 中国人口预测报告2021版 [R].（2021 – 12 – 14）[2022 – 10 – 28]. https://file. cctrip. com/files/6/yuwa/0R7571200096esn24776D. pdf.

刘培林，张鹏飞. 发展的机制：企业家和创新者的自我发现 [N]. 比较，2014 – 6 – 1（3）.

陆旸. 为什么"人口红利"没能在所有国家出现？—— 一个历史经验的视角 [J]. 劳动经济研究，2020，8（03）：3 – 31.

宋书杰，陆旸. 中国人口与宏观经济问题研究综述 [J]. 人口研究，2020，44（06）：114 – 125.

肖祎平，杨艳琳. 人口年龄结构变化对经济增长的影响研究 [J]. 人口研究，2017，41（04）：33 – 45.

比较制度分析

Comparative
Institutional Analysis

美国革命中的思想、利益和可信承诺

杰克·拉科夫　安德鲁·鲁滕　巴里·温加斯特

一、对美国革命的解释

1774 年 4 月 9 日，当波士顿居民还在观望英国政府将如何处置茶党在上年 12 月的所作所为时，约翰·亚当斯给他的朋友詹姆斯·沃伦（他更知名的身份是美国第一位女性历史学家梅西·奥蒂斯·沃伦的丈夫）写了一封用词精准的政治信件。亚当斯根据当时发生的事情思考并预判了未来的道路。他提醒沃伦：

> 多年来我的观点始终不变……双方都没有足够的勇气做出决断，我们

* Jack N. Rakove，斯坦福大学历史学和美国研究 William Robertson Coe 讲席教授、政治学教授，主要研究领域为美国革命和宪法的起源、詹姆斯·麦迪逊的政治实践和理论、历史知识在宪法诉讼中的作用；其 1996 年出版的著作 *Original Meanings: Politics and Ideas in the Making of the Constitution* 获得了普利策奖。Andrew R. Rutten，获得华盛顿大学经济学博士学位，曾任教于斯坦福大学政治学系，是一位多产的作家，其文章和评论发表在《经济史研究》《康奈尔法学评论》《经济文献杂志》《法、经济学和组织杂志》《经济学和哲学》等重要学术期刊上。Barry R. Weingast，斯坦福大学政治学 Ward C. Krebs 讲席教授，胡佛研究所资深研究员，主要研究领域为市场、经济改革和监管的政治基础，在发展的政治经学、联邦制和分权化、法律制度和法治、民主制度等领域著述甚丰。与诺奖得主道格拉斯·诺思和马里兰大学教授约翰·沃利斯（John Joseph Wallis）合著了《暴力与社会秩序：诠释有文字记载的人类历史的一个概念性框架》。

将像钟摆一样晃动，像海浪一样起伏，在未来的许多年里，我们既无法完全改变美国遭受的屈辱，也不会屈服于英国议会的绝对权力，而是一直会像过去十年那样，在二者之间摇摆，直到你我的生命尽头。我们的后代或许会看到革命，而且以我们想象不到的方式关注并积极投身于这些革命。①

五个星期之后，《波士顿港口法案》（Boston Port Act）出台，这是英国议会通过的旨在惩罚波士顿和美洲殖民地的一系列强制法案中的第一部，它最终引发了一场危机。一年后，美国独立战争爆发，第二年，美国决定宣告独立，亚当斯很快投身这一事业。换句话说，尽管亚当斯判断有误，然而，1774 年他在政治上并不幼稚。作为波士顿著名的"激进分子"②，他和更为人所知的堂兄塞缪尔是让波士顿的英国殖民当局头疼不已的"亚当斯兄弟"，他为此感到自豪。危机一爆发，他就开始了活跃的政治生涯，直到 27 年后才从总统职位上退休。

亚当斯的评论为历史学家和社会科学家提供了有益的教训。它提醒我们，从抗争转向革命的道路，不能简单地理解为许多事件不断积累（美国对英国的不耐烦，英国对美国的愤怒）直至发生质变的过程。美国对 1774 年英国议会镇压的反应之强烈，确实让英美领导人震惊不已。因此，它提醒我们，有必要解释为什么连那些对预测或预期事件发生最有影响的人也无法预料政治进程。

更重要的是，亚当斯的错误预测使我们在理解美国革命这一具有划时代意义的事件时，面临着一个需要解释的基本问题：这场革命并不是注定会发生的。有许多充分的理由表明，这场革命本来不应该发生，或者本来可以避免，但也有一些因素使这一革命成为此前十年动荡的合理且符合逻辑的结果。其中最重要的是，在 1764 年后的一些特定事件或争论中，英国的挑衅和美国的反应明显脱节：一方面，大西洋两岸的同时代人认为这些事件都有其潜在意义和最终后果；另一方面，相比于冒着风险同英国打一场旷日持久且不确定的战

① John Adams to James Warren, 1774 年 4 月 9 日，收录于 Robert Taylor et al. , eds, *Papers of John Adams* (Cambridge, 1977)，第 II 卷，第 83 页。

② 我们使用这个词的意义是 Pauline Maier 定义的，"一个合法的准确的技术性词语，用来描述那些全盘批评英国政策的人，他们总是寻求回归其心目中的英国统治的传统原则"，直到事件导致他们认定这样的回归是不可能的。Pauline Maier, *From Resistance to Revolution: Colonial Radicals and the Development of American Opposition to Britain, 1765 – 1776* (New York, 1972)，第 18 页。

争，美国人为接受英国的改革建议而付出的代价要小得多。同样，英国如果接受了美国的制宪观点，为此付出的代价也不会像诺斯勋爵甘愿进行的一场豪赌那样大，他认为通过强制手段可以让殖民地臣服。因此，双方都有强烈的动机避免冲突，但对于1774年后的两个国家来说，事态发展超出了以妥协来避免冲突的范围。这不仅提出了一个需要历史解释的问题，特别是对那个时间和那个地点的历史解释，而且产生了一个更普遍的关于政治行动本质的理论问题。本文对美国革命的描述表明，与假设政治决策和行动基于关键利益博弈（这些利益被认为可以直接和容易地计算）的观点相比，对最终结果的预测可能更具决定性。

当我们考虑美国革命爆发的另外两个方面时，这些问题就更加复杂。首先，正如历史学家已经确切证明的，导致美国独立的讨论和争辩有明确的思想特征（intellectual character）：这场争论实际上涉及殖民地在大英帝国内能享有什么权利和自由，以及对英国宪法的不同理解，而这些理解支持了对立的观点。解释美国革命起源的关键仍然在于理解对抽象概念的各种诉求最终如何引发更广泛人群的强烈支持。因此，思想如何变成利益，或者更明确地说，宪法思想如何决定利益，仍然是一个非常吸引人的问题。其次，在这些辩论中，那些最强烈地怀疑英国意图的激进派最终被证明是正确的。当英国议会通过1774年的强制法案时，它最终证明，将美国的自由交给一个声称"在任何情况下"都有权利为美国人立法的遥远议会，是危险之举。但这反过来又引出了另一个问题：是什么让激进派得以获得更温和人群的支持？这些人群包括最初并不坚信来自英国的危险有多严重的人；以及更愿意和解而非战争的人。

本文将这些问题作为出发点，探讨政治史的研究发现和政治行动理论的最新进展之间的关系。与当代社会科学"转向研究历史"的其他尝试一样，本文认为关于政治行动的理论、模型和假设应该通过有据可查的史实予以检验。在这方面，美国革命提供了一个范例。不仅有大量原始资料和历史专著可用于对美国独立问题开展集中研究，而且历史学家显然也对革命的起源达成了高度共识。事实上，一种占主导地位的解释范式已经存在了至少一代人的时间，而且已经非常成熟，以至于人们可以推测，解释革命发生原因的基本问题是否已经得到最终解决。这种想法毫无疑问是天真的。但与此同时，历史学家之间的相对共识使我们更容易从当代政治经济学的角度，对这个天生就迷人的历史事件进行理论分析。

我们对美国决定独立这一事件进行理论研究的兴趣与以下主要问题有关：首先，是什么原因使得对看似抽象的宪法思想和规范（norms）的诉求不只是作为更深层次争议的修辞表达，而是作为冲突本身的实际根源？其次，在温加斯特及其在政治经济学领域的学生发展的可信承诺理论的框架内，这些明显的诉求能否得到解释？如果美国革命是一场特殊的宪法争议，且宪法的本质在于说服公民相信制度和法律框架的稳定性，那么美国不再忠于英国似乎是旧殖民政权未能维持可信宪法承诺的经典案例。再次，从可信宪法承诺崩溃的角度理解革命的爆发，有助于我们解释历史学家没有完全解决的一个问题：温和派（这里定义为不那么充满意识形态狂热、更谨慎地权衡反抗的潜在成本和收益的人）为什么愿意放弃他们的顾虑，接受独立和战争的逻辑。最后，这一过程反过来又涉及政治联盟理论中的一个常见问题：如何确定和控制必要的核心政治支点，以达到支持期望政治行动所需的临界力量（在这里不是选举或立法投票，而是更加有趣的一场革命）。

　　在提出这些问题时，我们也意识到，相比于历史学家，社会科学家可能对我们的议题更感兴趣。在当代政治学、经济学和政治经济学中，针对历史领域开展研究的做法现在已经非常成熟，为此进行辩护将是多余的。然而，历史学家却朝着相反的方向在发展。他们对应用 20 世纪六七十年代发展出来的社会科学模型和理论的热情明显减退，开始转向从其他学科寻求灵感，此时他们似乎更倾向于追求"文学转向"，关注与人文相关的各种现象。① 但是，在政治史领域，现在正是思考历史及其相关领域之间存在的天然关系的有利时机（对此既可以赞同，也可以批评）。事实上，在学术界对美国革命兴味索然之际，思考如何将已有定论的分析"理论化"，可能有其价值。

　　为了实现这些目标，我们从两个截然不同的视角看待美国革命的爆发，一个是明确的历史视角，另一个则是政治经济学的视角，展开本文的主体内容。② 在奠定了这一基础之后，我们再转向上文所述的具体问题（一旦我们真正知道自己在做什么，显然需要将这些问题说清楚）。

　　历史判断罕有定论。在历史学中，有很多原因会导致对研究结论的修正。

---

①　例如，我们可以看一看研究美国殖民时期历史的学者约翰·德莫斯（John Demos）的思想轨迹。德莫斯的早期作品对 20 世纪 60 年代末的"新社会历史"产生了重大影响，他是应用各种社会科学方法的倡导者，但最近，他似乎满足于将自己主要塑造为一个讲故事的人。

②　本文历史部分的内容主要由拉科夫执笔，政治经济学部分的内容由温加斯特执笔。

现代事件可能改变历史学家对其研究工作的基本态度，使他产生新的同情或厌恶情绪，这会影响他如何看待他所研究的主观人物和客观行为。新资料来源的发现或机密档案的公开，可以改变或扩大原有理论体系依赖的证据基础。其他学科或相关领域的发展可以发现新的问题或提供新的分析方法，历史学家可以用这些新方法来研究旧问题。和其他学科一样，在历史学研究中，修正我们熟知的证据可能会暴露现有解释范式的缺陷。

尽管历史判断罕有定论，但历史学也不是一门变幻无常的学科，仅仅由于思想喜好的变化就能决定什么是目前可以接受的。在文学研究中，掌握一套无法证实的"理论"体系有时候似乎就是终点，与此不同，随着研究专著源源不断地出版，历史学产生了一个逐渐扩大的知识体系。即使现有的某些解释受到质疑或修正，许多其他的基本判断仍然不受影响。1801年托马斯·杰斐逊在首任总统就职演说中指出，对一件事有不同的解释，这并不是因为基本事实、原因或结果有所不同。事实上，许多不同解释的产生，仅仅是因为历史知识的稳步扩展增进了人们对事件复杂性的认知，特别是当这种扩展使历史学家能够从以前被忽视的行为主体或观察者的新视角来看待事件时，尤其如此。

从本文的研究目的出发，我们把美国革命定义为最终导致美洲殖民地于1776年独立的运动，它显然是一个很容易用历史知识来观察的事件。和其他主题一样，它也受到周期性修正浪潮的影响，这一切都是由我们刚才提到的各种因素推动的。对美国革命的政治–宪法起源，确实存在一种主流解释范式，该解释范式深刻影响了至少一代以上的学者，而且它迄今仍然是主流范式，其权威性或解释力并未受到重大挑战。甚至可以说，由于接受了这一范式，对美国革命起源的研究已经变成了一个相对沉寂或不活跃的领域。但是，对这一范式的不满也在日渐增长，尤其是在历史学家中，他们反对这一范式标榜的"精英主义偏向"。而且这一范式也无法全面解释为什么广大殖民地最终选择为独立的共同事业奋斗，而不是团结在大英帝国及其国王的旗下。

简单地说，这一范式至少包含以下命题：

（1）导致第一大英帝国（First British Empire）垮台的争议并非源于殖民地居民与生俱来的对政治独立的渴望，而是源自英国发起的旨在改善帝国管理的一系列改革，其中一些平淡而明智，另一些则更加激进和具有挑衅性，尤其是在七年战争（1756—1763年）取得戏剧性胜利之后。大多数殖民地居民都很乐意继续留在帝国内，但这些措施引发的政治争议暴露了美国和英国在理解殖民地和帝国权力上的深刻分歧。

（2）美国革命最初本质上是一场宪法之争，旨在解决一个最重要的问题：英国议会对美洲殖民地管辖权的性质和范围。在这场斗争中，历届英国政府都坚持议会主权不受限制，而殖民地领导人则回应说：无权利不纳税，而且在大多数情况下，美国人只受本地议会制定的法律管辖。对这些问题的辩论越仔细、越激烈，关于帝国宪法的对立观点就越可能产生危险的分歧。此外，美国人强烈主张他们的自治权，因为在宗主国的默许下，他们自己的管理机构早已实行了实质性的自治。

（3）在对美国人的公正权利提出更广泛的看法时，美国领导人受到了两方面的影响：一方面是他们对英国立宪史上的主要转折点，尤其是1688年光荣革命的传统理解；另一方面是对当时英国政治现状的狭隘看法。殖民地居民严肃认真地看待自18世纪20年代以来许多英国作家描述的英国政府的腐败和暴政，这使他们倾向于认为，1763年后英国政府在殖民事务方面的举措并非无心之举，而是有系统有计划地倾覆殖民地居民基本权利的证据。正如埃德蒙·伯克认识到的那样，在大多数殖民地中反复发生的关于立法特权和王室特权的争端，早就使美国人"远远地感受到了英国的恶政；在每一丝污浊之风中都嗅出暴政的气息"。

（4）由于英国官员并没有直接参与这些运动，且自认为正在采取合理措施来处理紧迫的问题，所以他们自然倾向于将美国人对英国政府耍阴谋的指控当作殖民地的煽动家们心怀不轨的证据。然而，正是因为英国政府对影响殖民地公共舆论无计可施，所以争论持续的时间越长，就越激烈，英国政府就越有可能面临两难选择：要么接受美国的主张，要么通过胁迫和镇压以维持统治。

（5）英国在马萨诸塞州的影响力最弱，那里是一个政治文化极不稳定的殖民地。当该州的事态失控时，就像1773年之后发生的那样，英国政府发现除了高压政策别无选择，1774年英国选择了这一政策，部分原因是它强烈主张议会对美国的管辖权。这一行为戏剧性地从政治上唤醒了北美的各个殖民地，鼓励美国领导人和公民形成统一战线以支持马萨诸塞州。在北美的大多数殖民地，合法政府迅速瓦解，政治权力流向新动员起来的委员会、大会和国会，这些都是革命政权的雏形。

（6）在这个关键时刻，英国政府（理论上）本可以选择谈判，但由于在美国缺乏政治资产，即使在1775年4月马萨诸塞战役爆发后，它也别无选择，只能坚持胁迫和镇压政策。从那时起，美国做出独立的决策基本上只是时间问题。由于英国政府没有提出任何严肃的谈判提议，美国温和派不得不接受激进派领导人长期以来对英国动机的负面评估。

但是，假设我们从构成这个解释范式的上述命题中后退一步，并提出一个逻辑上优先的问题：这些命题要解决的历史分析问题是什么？得益于学术界对独立运动的广泛研究，我们对 1765 年之后十年的殖民地从抗争到革命运动的基本政治叙事并不陌生。为了令人满意地解释美国革命的政治起源，我们需要提出哪些问题？这里的四大谜题提供了一个分析框架，而主流解释范式为其提供了令人信服的答案。

第一，可以说是最重要的，如果革命的根本原因在于宪法争议导致的僵局，那么在拥有共同政治遗产的两个国家，为什么主要政治力量会对英国宪法和殖民地地位的理解如此不同？这是埃德蒙·摩根和伯纳德·贝林这两位战后最受赞誉的美国学者在他们关于美国革命的伟大著作中阐述的核心问题，法律史学家约翰·菲利普·里德也在他的四卷本《美国独立战争宪法史》（*Constitutional History of the American Revolution*）中围绕这个问题展开讨论。在这个重要的问题上，有着广泛的学术共识，而反过来，也正是这种共识更好地说明了当前的解释范式为何能保持其持久的解释力。

第二，即使假设有关共同宪法传统的这些不同解释持续存在，最终很可能导致不可调和的僵局，但这也不能解释为什么随着时间的推移，13 个不同殖民地能达成足够高的共识，从而维系了谋求独立的决定和随后旷日持久的军事冲突。美国从抗争到革命的运动并不是一个简单的故事，在这场运动中，每年都有更高程度的动员和战斗。1765 年，像约翰·狄金森这样的温和派领导人担心 13 个殖民地能否在没有帝国调解和控制的情况下和平共处，这一担忧非常合理。10 年后，英国领导人认为，如果能够让马萨诸塞州这个顽固不化的地区为抵制英国付出代价，那么这一教训将使美国人无法团结起来支持该州，这个假设也同样合理。1774 年夏天，当大英帝国的最后一次危机爆发时，美国激进派领导人和英国官员都对殖民地的过激反应感到吃惊。他们的惊讶程度也反过来表明，他们对殖民地军事行动的衡量和判断出现了严重的问题。

第三，殖民地为什么会在抗争的旗帜下团结起来，最终决定冒着战争可能旷日持久且代价高昂的风险，以确保他们的权利并获得独立？历史学家在努力解释这个问题时，不得不经常权衡政治原则和物质因素的相对力量。主流解释范式的支持者倾向于认为，美国和英国对殖民地权利的来源和范围的分歧日益加深，这为1774—1776年的彻底决裂提供了充分的理由。在这种观点看来，美国人首先通过政治意识形态确定了他们的根本利益，当英国的行动证实了帝国政策将危及美国的自由时，相当多的殖民地居民也随之得出了相应的结论。此外，独立战争前夕殖民地的相对繁荣表明，激励民众反抗意愿的因素不太可能是经济上的不满或贫困问题。如果没有意识形态的影响，使殖民者意识到对英国议会征税权的任何让步都是滑向暴政的第一步，我们就很难理解在殖民地逐渐成为原始资本主义社会的过程中，那些谨慎的居民为什么会认为帝国新法规和新税收带来的适度成本会大于与英国的强大力量对抗的潜在成本。

相比之下，持不同意见的人认为，过分强调宪法僵局与和解的政治障碍，可能会忽视更具体的原因，即为什么特定的殖民者群体愿意甚至渴望挑战英国的统治。根据这种观点，政治意识形态的感召力和吸引力必然与基于社会地位和经济利益的算计和意愿有关。港口城镇的工匠和商船海员、新英格兰自给自足的农民、切萨皮克的烟草种植者、投机者以及关注边疆的移民，都有各自的不满或抱怨，他们希望通过反抗英国的殖民统治来获得弥补或收益。因此，任何对美国革命起源的全面解释，都必须综合考虑那些促成了1774—1776年联盟的不同关切。

第四，英国方面的所作所为同样值得关注，甚至可能需要更多的关注。前三个谜题都倾向于将搜集历史证据的沉重负担放在大西洋西岸，他们认为从抗争到革命的殖民地运动是最需要解释的问题。这种倾向无疑一定程度上反映了美国独立这个主题存在着固有的民族立场偏差。对美国人来说，革命运动是建国大业，但对英国学者来说，它只是18—19世纪英国霸权故事的一个篇章，甚至远不如随后的大革命时期和拿破仑时期与法国的争斗来得重要。但是，这种持续冲突是双方共同作用的结果，因此有必要解释为什么英国最终选择了胁迫和镇压政策，而不是谈判与和解。此外，还有两个特定的历史原因说明有必要持续关注英国的动机。首先，整个冲突的动态和节奏几乎总是英国挑衅和美国被动做出反应。如果没有来自英国的挑衅，殖民地的激进派不觉得自己能够挑起事端，相反，他们发现自己是在回应并利用英国的失误。塞缪尔·亚当斯在1776年4月非常精准地总结了这一策略："我们不能制造事端。我们的任务是在事件发生时明智地推波助澜。"其次，无论政治意识形态和利益计算如何使殖民地走向独立，英国的不妥协态度显然是让美国政治温和派对和解选项感到绝望的关键因素。如果英国人对这些分歧更加敏感，并提出实质性的谈判建议，即使亡羊补牢，也许仍会扰乱独立运动的节奏。

美国独立战争的政治经济学研究

这些困惑表明，有关宪法、主权及自由的思想和抽象概念之间的关系是不确定的，美国革命背后的政治和经济问题也是不确定的。我们认为，要解决这些谜题，就需要对宪法政治有恰当的理解。就像历史学家那样，仅仅认识到宪法通过设定政治经济的基本规则来影响结果，这是不够的。相反，必须进行两项额外的理论研究：首先了解宪法如何影响规则和结果；其次，了解与宪法相关的政治行为，即宪法被选择和执行的过程。

事实上，正如拉科夫（1996）对制宪时期的论述那样，美国人提出这些思想不是为了思想本身，而是为了服务于政治目的。在革命前就清楚阐述了其思想的美国人，不仅仅是抽象的政治理论家，也是试图影响事态发展的务实政治家。然而，为了理解他们的行为，我们需要更深入地理解政治和经济的关系，以及理想目标和工具目标之间的关系。

宪法的核心特征是其规则的可信性，毕竟宪法规则只有在得到执行时才能约束政客。宪法会影响结果的含义在于，对宪法规则或其执行程度的预期如果发生变化，可能会影响对未来结果的预期。通过这种方式，宪法在思想领域和行动领域之间建立起联系。

我们分几个步骤来论证我们的观点。首先，我们转向理论，探讨物质利益如何影响策略行动者对宪法的偏好（如果真有影响的话）。我们认为，在评估宪法时，就像评估任何不确定选项时一样，人们会考虑不同宪法的预期价值。因此，他们对宪法的排序既反映了他们对各种宪法赋予的概率，也反映了他们期望从这些宪法中获得的回报。在评估预期价值的两个组成部分，即概率和收益时，人们会特别关注宪法，因为它将未来与现在联系在一起。

从工具理性人关心宪法的角度看，思想在美国革命中处于中心地位似乎不再那么奇怪。事实上，双方对大英帝国宪法的担忧都是合理的。七年战争后，美国和英国在大英帝国中的利益发生了巨大变化，一些新的治理结构可能难以避免。双方对现状的看法大相径庭，阻碍了和平重组的可能性。正是在双方的现有信念与基于信念的行动相互作用之下，美国最终脱离帝国体制走向革命。

二、思想的政治经济学

现代历史学家关于美国革命的议题仍然深受进步历史学家的影响。① 进步派对经济学、经济利己主义和政治的简单化概念，导致他们低估了思想的作用。进步派把各种思想简化为一幅漫画，认为美国革命是殖民地精英对权力的攫取，他们利用自由、暴政和独立的概念巩固在国内的统治。在进步派看来，思想这种东西往好了说是一种附带现象，往坏了说则是有手段的人用来拉拢和安抚他人进而操纵他人的工具。

现代历史学家无疑证明了进步派的观点是站不住脚的。与进步派的说法相反，殖民地的思想体系是前后一致的，而且它以现有的英国宪法思想为基础（Morgan，1995；Bailyn，1967；Wood，1969；Greene，1994）。尽管如此，历史学家的研究在许多方面仍受限于他们曾经赢得的辩论。正如上文的谜题所示，他们并没有将对思想的关注与对政治和经济的关注结合起来。关于思想在美国革命中所起作用的一系列政治问题，人们关注得太少了，历史学家也才刚刚开始转向研究这些问题。

一些学者最近就这场革命提出了基于利益的论点，例如塔克和亨德里克森（Tucker and Hendrickson，1982）、德雷珀（Draper，1995）的争论。尽管他们避免了像其唯物主义前辈那样，错误地把事物简单化，但也都没有设法将他们的观点和更传统的思想史观点相结合。这些学者没有提供对思想和重要问题的综合理解，他们的作品并不关注思想的作用。

思想、利益和不确定性

如上所述，我们的观点是，宪法是整合思想和利益的关键因素之一。要了解宪法如何将人们关注的物质问题和思想问题联系起来，不妨以普通人为例。他们的担忧始于日常生活的焦点问题：家庭、生计来源、财富、所属团体、协会、社区。总之，这些构成了一个复杂的自我利益网络。

从这个角度考虑，1763 年的美国人有着截然不同的利益。光靠简单的特征，比如有产或无产，不足以理解殖民地内部的差异。许多差异影响了殖民地

---

① 参见 Beard（1935）等；Greene（1995a，第 382—440 页）总结了进步派的论点，以及对它们的回应。

的政治，这些差异存在于从事国际贸易的商人与自给自足的农民之间，生活在沿海地区和边境地区的人之间，生活在宗教社区和世俗社区的人之间，以及奴隶主和非奴隶主之间。由于美国人的立场差异很大，各殖民地的政治也有显著差异（Greene and Rakove，1987）。

政治常常迫使公民关注日常生活之外的问题，比如来自国外的某种新威胁。这些政治层面的问题是导致思想发挥作用的一个重要方面，原因在于公民在评估这些议题时，面临着三个不同的不确定性来源。不确定性之所以产生，首先是因为公民的观点往往建立在对世界不完整的理解或不完备的理论之上，其次是因为他们对事实的认识不完整，比如他们可能不知道实际上发生了什么，最后是因为公民对前两个问题的看法不一致。当社会面临外部威胁时，这些不确定性的来源尤其成问题。

不确定性是普遍存在的，这意味着理性个体很少有机会基于绝对正确的世界观来行动（Denzan and North，1994；Hini oh and Munger，1994）。相反，他们通常根据当时流行的世界观行事，而这些世界观的正确概率远低于100%。重大的社会问题通常会让公民对正在发生的事情及其原因产生严重的怀疑和不确定，尤其是面对从未遇到过的新情况时。

例如，社会环境将面临重要但不确定的变化。在变化的迹象出现之前，通常有一个关于世界如何运行的主流思想。对于1763年之前生活在殖民地的英国公民来说，这包括英国宪法的核心内容；关于美国宗教自由神圣不可侵犯的一些思想；关于帝国的一些概念，其中包括把与英国的关系视作抵御无处不在的法国威胁的一种防御手段。我们称之为"现状描述"或"思想"。

假设世界开始改变。一开始，大多数公民可能会认为这些变化是温和的，不会产生深刻的影响。因此，这些人继续依赖当时流行的或基于现状的思想。然而，其他分析家可能以更激进的方式评论这些变化，也许他们认为这些变化代表着对社会的深刻威胁。我们将这种描述称为"新表征"或"新思想"。这种新思想被广泛接受的一个基本条件是，它在逻辑上和事实上都是合理的。但这只是必要条件，新思想具有逻辑和合理性并不意味着它能够说服其他任何人。事实上，大多数新思想从未受到足够的重视，无法为其他人采取行动提供基础。

事实上还有一个问题是，新思想实在太普遍了，一毛钱可以买一打。那么，是什么导致广泛的公民群体认真对待某个新思想呢？是什么行动说服了许多公民不再坚信现有的思想，而转向支持一些新思想？

为了回答这些问题，我们借鉴了贝茨等人（Bates、De Figueiredo and Weingast，1998）的研究，提出了关于思想发挥作用的四个命题。当两种都可能正确的思想互相竞争时，社会成员必须决定采用哪种思想作为行动的基础。为了更具体地说明这种不确定形式下的个人决策，我们以一个特定公民为例，他何时会基于新思想做出决策或支持某项行动？假设只有两种可能的思想，设 π 为该公民相信新思想成立的概率，相信主流思想或坚持现有思想的概率则为 $1-\pi$。

这种方法得出了四个关于思想影响政治决策的重要结论。第一，它表明存在一个临界概率 π^*，这个临界概率具有以下性质：如果一个公民认为新思想正确的概率低于 π^*，那么他将继续相信主流思想。然而，如果环境发生变化，π 至少和 π^* 一样大，那么他就会依据新思想做出选择或采取行动。

第二，这种方法产生了一种比较静态的结果，可以预测当环境不断变化时，一个人的选择将如何变化。我们定义一个比率 S，它是旧思想被证明错误时按它行事带来的预期损失与新思想被证明错误时的预期损失之比。我们把这个 S 称为利害关系（stakes）：它反映了错误判断新思想的相对成本。需要注意的是，在其他条件相同的情况下（包括对概率的信念），随着新思想所讨论的威胁变大，利害关系也会增大。

贝茨等人表明，随着 S 的增大，π^* 会下降。也就是说，随着利害关系增大，按照新思想采取行动的门槛降低了。日益增大的利害关系意味着虽然 π 和 $1-\pi$ 从未发生变化，但公民更有可能根据新思想采取行动。该结果还有进一步的含义：随着利害关系变得非常大，也就是说，如果新思想是正确的，那么大家没有根据新思想采取行动可能会产生很大的成本，临界概率 π^* 就会非常接近 0，而不是接近 1。当公民觉得他们的家庭和生计面临风险时，利害关系就会很大。当利害关系非常大的时候，公民可能会理性地根据新思想采取行动，即使他们并不认为这个新思想为真的概率要高于旧思想为真的概率。

原因在于，公民既不是侦探，也不是历史学家，他们必须根据各种可能结果的价值来权衡概率。当利害关系极不对称时，误判新思想的成本远远超过误判主流思想的成本，此时公民就会支持基于新思想的行动，即使他们认为新思想还不如旧思想靠谱（即 $\pi^* < \pi < 0.5$）。

这一关于思想之作用的理论对新思想拥护者要完成的任务来说，有几方面的含义。新思想拥护者不需要让人们相信他们是正确的（ $\pi = 1$ ），甚至也不用证明新思想比其他思想更可信（ $\pi > 0.5$ ）。相反，他们只需要让人们相信，按照他们的思想采取行动的预期价值更高。上文中的不等式意味着新思想拥护者的任务是让公民的 π 值大于 π^* 。当利害关系 S 很大， π^* 更接近 0 而不是 1 时，公民很容易认为新思想更合理。刚刚提到的比较静态结果也表明了新思想拥护者的"异端原则"（heresthetics principle, Riker, 1981, 1986），他们有激励增大利害关系 S ，因为这能让他们的思想更容易被社会接受。

第三，这一理论说明，拥护者要使新思想成为行动的基础，就必须得到外部事件的"确认"或"验证"。大多数公民对新思想的最初信念（ π ）可能是很低的。大多数新思想从未被认真对待，很大程度上是因为它们为真的概率总是很低。

一个思想要成为行动的基础，就必须有某种东西能改变公民的初始信念，使概率 π 从最初的低水平上升到临界水平 π^* 之上。要实现这种提升，必须要有一系列超出新思想拥护者能直接控制的事件发生，从而增强其他公民认为新思想为真的信念。具体来说，基于贝叶斯法则的框架，该思想为真的可能性必须增加。如果某一事件能让公民认为新思想为真的概率上升，那么我们就把该事件定义为"证据"事件。这需要应用基于贝叶斯法则的统计方法进行决策。因此，"证据"事件不需要证明新思想是正确的，只需要让公民认为它更有可能为真即可。

以 20 世纪 80 年代末南斯拉夫解体前居住在克罗地亚的塞族人为例。他们对克罗地亚多数人会如何对待他们感到担忧，尤其担心（最初）可能性很小的种族大屠杀行为。克罗地亚塞族人密切关注大多数人的行动，假设他们观察到克罗地亚人正在争取从南斯拉夫，特别是从塞尔维亚独立，那么根据贝叶斯法则，这增加了克罗地亚人倾向于暴力的可能性。原因是那些无意于种族大屠杀的克罗地亚人可能会寻求独立，也可能不寻求独立，但倾向于种族大屠杀的克罗地亚人肯定会寻求独立。因此，对争取独立活动的观察结果增加了克罗地亚人倾向于暴力的可能性。

第四，这种关于思想之作用的理论预测了政治行为和思想的不连续变化。只要新思想为真的概率 π 保持在临界点 π^* 之下，公民就会继续依据旧思想采取行动。然而，如果一系列事件将 π 抬升到 π^* 以上，那么公民将不连续地从旧思想突然转向新思想。如果相互竞争的新旧思想要求采取不同的行动，那么公民的行为表现也将会不连续地变化。出现不连续是因为当"证据"事件发生时，π 突然超过了 π^*，长期以来作为行动基础的旧思想突然被抛弃，新思想取而代之。

这种关于思想之作用的理论正好符合一些学者的发现，他们长期以来一直强调，重要的不是历史，而是被解释的历史[①]，即关于世界和关于历史的具体思想。然而，并不是任何解释都有用。只有那些帮助人们理解其所在世界的解释才是有用的。主张思想可以发挥作用的学者通常无法解释，为什么某个特定的思想比其他一千个貌似有理的思想更受人们信任，正如戈德斯坦等人（Goldstein and Keohane，1993）观察到的那样。贝茨等人的理论超越了关于思想之作用的传统论点，更深入地说明了特定思想若要被接受必须满足的条件，这涉及贝叶斯法则。

宪法和承诺

到目前为止，我们已经论证，即使最理性的利己主义者也会关心思想，尤其是关于他人未来行为的思想。这种对未来的关心，自然会导致他们对宪法的担忧。成文或不成文宪法有多种用途，从阐明社会的广泛理想，到定义个人的权利和保障，再到阐明公共决策的具体程序，其中的每一种用途都影响对未来的预期，任何细微的差异都可能导致不同的未来。

在考虑宪法的这些方面时，人们会担心承诺是否可信，是否能够自我执行。陈述一个理想，即使它受到公民的广泛认同并被载入宪法，也不意味着它在现实中能够实现。将理想付诸实践需要宪法对理想提供可信的承诺。也就是说，宪法必须提供相应的制度，使政客尊重这个理想也符合他们自身的利益（Gibbons and Rutten，1997；North and Weigast，1989；Ordeshook，1992；Weiganst，1995a）。当这样的激励存在时，我们说宪法是自我执行的。

可信承诺问题是社会各个方面的核心问题。上述讨论表明，它与宪法阐明的被广泛认可的理想密切相关。但可信承诺远不止于此，让我们考虑两个潜在的社会问题。首先是经济上的，经济增长的根本问题之一涉及公民对物质资本或人力资本的投资激励。在一个不对私有产权保护做出可信承诺的社会中，个人无法保证他们会获得辛勤工作和投资的成果。当别人可以剥夺这些成果时，

[①]　参见一些学者的研究，如 North（1990）。

个人的投资激励就会弱得多（North，1981，1990）。这给经济发展设置了巨大的障碍，这样的社会通常伴随着贫困。因此，一个社会对私有产权做出可靠承诺的能力是经济增长的核心，也因此成为宪法的中心任务（North and Weingast，1989）。①

承诺会产生影响的第二个例证涉及各类少数群体，无论是宗教的、种族的还是民族的。世界上大多数社会都存在保护少数群体权利的问题，实际上，在大多数社会中，少数族裔经常受到迫害（Horowitz，1985；Rabushka and Shepsle，1972）。文献表明，分裂的社会通常是不宽容的，很少有人能够切实保护少数群体的权利。对少数群体的宽容通常要求社会对他们的权利做出可信承诺，例如宗教宽容和宗教自决权。宽容不能被视为理所当然，而必须通过一系列政治制度来构建和维护（Weingast，1995b）。事实上，美洲殖民地的宗教多样性和自由恰恰反映了欧洲缺乏这种宽容。因此，宪法的另一项任务就是为宽容创造可信因而能自我执行的基础。

这些例子表明，对一套宪法规则做出可信承诺，使它们能够自我执行，是所有社会的核心问题。同时，不同社会面临的具体承诺问题也不尽相同，因此我们预测宪法与承诺的关系会因社会而异。现在我们转向研究它在美国革命背景下的影响。

小结

这种可信承诺的视角意味着，在宪法变革时期，人们不仅会关注宪法的理想，还会关注使它能够自我执行的条款。同样，一个完整的宪法理论不仅会讨论社会的各种应然目的（normative ends），也会讨论宪法应该如何构建以使这些目的成为可能的结果。

这些原则对美国革命具有重要的意义。殖民地试图清晰阐述历史宪法理论（historical constitution），该理论不仅反映了他们对美好社会的愿景，也反映了宪法是如何执行的。他们也关心如何将这些原则扩展至新情况，包括美国谋求独立的情况，他们通过寻求扩展现有机制来帮助宪法自我执行。

最后要注意本节的两个论点是如何相互作用的。回想一下，我们对思想之

---

① 请注意，许多学者，如 Prezworski（1991），在得出这一结论时，出发点是以民主而非经济增长为主要目标。

作用的看法表明，随着利害关系的增大，决定公民何时基于新思想采取行动的临界概率会下降。无论出于何种原因，破坏对现有公民权利体系的可信承诺的那些事件都将使大多数公民感受到严重的威胁，因为这会威胁到他们最重要的利益，即家庭和生计来源。

由于缺乏对宪法自我执行的关注，历史学家对思想在美国革命中所起作用的理解并不全面。此外，我们还表明，这个问题恰恰把我们引向了思想领域和行动领域之间的关系上。

三、美国革命时期的宪法理想和宪法承诺

如上所述，历史学家一致认为，美国革命的动力来自大西洋两岸对大英帝国宪法的不同忧虑。前一节阐述的框架表明，这些担忧并不意味着革命只是关于抽象的理想的。即使最狭隘、最自利的人，也可能会关注宪法理想，因为宪法确立了帝国的治理规则，这些规则反过来又决定了帝国的经济、社会和文化特征。这一框架也说明了，为什么双方在宪法问题上的观点分歧如此令人担忧？答案是可信度。也就是说，双方都希望宪法得到会被执行的保证，关于宪法的争论实际上是关于各种治理结构可信度的争论。

英国人和殖民地居民在革命时期关于宪法、主权和自由理想的激烈争论，并不能掩盖双方在最抽象的政治理论层面上的共识。双方一致认为，政府滥用权力对他们的福祉是一种真正的威胁，最好的控制方式是法治。双方还一致认为，在 18 世纪的动荡中，英国在实现法治的制度化方面取得了巨大进步。

虽然双方对广泛理想有这些共识，但在如何将理想付诸实践的细节上存在严重分歧。这些细节包括英国宪法应保护哪些实质性权利，用哪些政治制度保护这些权利。随着时间的推移，他们彼此对这些理想的承诺也开始出现分歧。概括来说，殖民地居民担心英国人在七年战争结束时提出的新政策意味着帝国宪法的改变，他们担心这样一部可以被议会随意修改的宪法，几乎无法保护他们对抗议会的权利。相反，英国人担心殖民地对新政策的抵制标志着殖民地对帝国的态度发生了转变，担心殖民地可以通过诉诸先例和基本权利来改变这部宪法，从而会削弱帝国的根基。因此，帝国官员希望保证任何让步都不会导致美国走向独立。

对宪法的不同看法

对英国人来说，帝国只有一部宪法，就是英国宪法（Greene，1986，第 62

页）。对他们来说，治理帝国就等于治理英国，这意味着 1776 年的英国对帝国宪法的构想包含了许多与 19 世纪成熟的英国宪法相似的特征。其中最重要的是议会主权的概念，即没有任何权威能凌驾于议会之上。在实践中，这意味着无论议会做什么，根据定义，都是符合宪法的。此外，英国人已经开始明确提出"虚拟代表权"的概念：议会代表了帝国的所有组成部分，不管这些地方在议会中是否有代表。这一思想证明了选举权是相对狭窄的，即使在英国内部也是如此。

殖民地拒绝将英国宪法等同于帝国宪法。与英国人一样，他们认为议会有权处理帝国范围内的事务，尤其是贸易和安全问题。但与英国人不同的是，他们认为殖民地有权通过地方议会、法院和由国王任命的执政官处理地方事务，如财产权、宗教、社会稳定和税收。① 他们通过追溯 17 世纪末至 18 世纪初辉格党的传统来支持这一观点，这种传统强调习惯和先例是宪法正当性的来源（Reid，1995）。因此，对殖民地来说，帝国内部的权力划分，即英国控制帝国范围内的问题、殖民地控制地方事务的模式是长期以来一直存在的，这是宪法授权的证据。

也许对帝国宪法的看法中最重要的差异与主权概念有关。在英国人看来，主权是不可分割的，因此英国对帝国的各部分都拥有主权。对他们来说，殖民地确实行使了相当大的地方自治权，甚至是治理权，但这并没有宪法地位。他们认为这种权力是被授予的自由裁量权，而不是宪法权力，可以委派的权力总是可以收回的。相比之下，美国人认为主权是可以分割的。事实上，从他们的角度看，主权分割已经成为帝国近一个世纪的特征（Greene，1986）。②

殖民地基于他们在帝国统治下的实践经验得出了对帝国宪法的看法，而这种实践植根于英国在统治美洲时的独特经济学。从一开始，英国殖民地就不同于西班牙或葡萄牙的殖民地，英国的殖民并不是因为殖民地战败，而是依靠冒险家的大规模定居，吸引他们前往美洲的是能获得更好生活的前景。由于生活条件能否改善并不确定，早期定居者的生活异常艰难，国王不得不提供各种让

---

① 根据 Wood［1966，第 166—167 页，转引自 Morgan（1995）］的说法，"早在 1765 年，辉格党就制定了美国人坚持的路线，直到他们切断与英国的联系。从 1765 年到 1776 年，他们一直否认议会有权向他们的对外或对内活动征税。他们始终坚持愿意服从议会为监督整个帝国而制定的任何立法。"

② 事实上，权力的划分与某种类型的联邦制相匹配（Weingast，1995）。

步来吸引潜在的殖民者，包括授予地方政治权力，其中包括地方立法机构的权力。

在接下来的一个半世纪里，这些地方议会的实际权力继续增长。尽管国王任命了大多数的殖民地行政人员，但他在一些重要方面仍依赖于殖民地的立法机构。这种依赖主要是一种经济需要：考虑到直接统治的成本，权力下放是唯一可行的选择。对宗主国来说，掌握更多的控制权不仅代价高昂，而且效率低下。

帝国政府一直没有正式承认格林（Greene，1994）所说的"协商授权"式治理的现实，即合法的权力下放。在 17 世纪至 18 世纪初，各种法律赋予国王治理殖民地的权力。例如，他继续任命大多数殖民地总督，所有殖民地议会的议案都要受到枢密院的审查（Smith，1965）。但是，这种权力在实践中基本上是一纸空文。例如，总督通常被要求在地方议会的帮助下进行统治。帝国参与度的下降最终导致沃波尔政府在 18 世纪 30 年代采取了后来被伯克称为"明智而有益的忽视"政策。其结果是，到 1750 年，负责监督殖民地政策细节的机构（例如贸易委员会）已经"萎缩"。

在这一时期逐渐发展起来的政治实践中，美国人最关注殖民地地方议会对美国自由的重要性，没有哪个机构比地方议会更重要。例如，某些自给自足的宗教社区的成员，如马萨诸塞州农村地区的人，可能对帝国的贸易法规漠不关心，但他们认为殖民地立法机构在保护他们的宗教自由中发挥了至关重要的作用，而这正是美国和英国的区别。同样，许多商人可能更关心大英帝国的贸易政策而不是宗教自由，但他们依赖地方立法机构来定义和保护他们的产权和财富。因此，无论他们的目的是什么，许多珍视自由的美国人都将殖民地立法机构视为保护自由的一种方式。① 最终，地方立法机构的重要性为团结殖民地居民奠定了基础。

对殖民地来说，他们在历史上通过当地立法机构拥有发言权这一事实确立了一种宪法要求权（constitutional claim）。在他们看来，一部法案能够合宪，不仅仅因为它满足了一些抽象的原则，或者因为它是通过恰当的程序颁布的。

---

① 并非所有美国人都同意立法机构是保护自由的核心。许多少数族裔期待着《联邦党人文集》第十篇（Federalist #10）的论点，担心立法机构会成为多数派压迫少数民族的工具。对他们来说，大英帝国提供了一个"有控制力的共同裁判"，没有它，殖民地将变成"一片血腥之地，一派恐怖和荒凉的景象"（Potter，1983，第 35 页和第 143 页）。

相反,他们认为英国宪法和普通法一样,是建立在实践和先例基础上的规则。借鉴早期辉格党的传统,殖民地认为习惯和先例是限制暴政和专制的更有效方式。在为习惯辩护时,他们并不像许多现代学者所说的那样,沉迷于怀旧。相反,他们将习惯视为一种承诺手段,因为它与法律不同,不能被任何小团体(例如王室或议会)改变。

从这个角度看,或者至少按照美国人的解释,历史上管理帝国的规则给予了美国人一定程度的保护,并且实际上还是可信承诺,美国人以此为依据来对抗帝国政府。主权分割的概念实际上反映了一种观点,即帝国是一种联邦结构:英国真正控制着帝国的整体事务,例如贸易和安全;而美国人则通过立法机构控制地方事务,如经济和社会组织。只要美国人和英国人都同意这一结构,美国有关自由和生计的主要价值观就受到了保护,不受英国王室或议会行动的影响。以习惯和先例为基础的宪法理论,将长期以来的政治权力,因而也将主权与宪法地位分开。殖民统治的近一个世纪以来,这种做法一直是帝国的特征(Greene,1986;Reid,1995),英国过去采取的行动让美洲殖民地居民相信英国人也是这么想的。

从殖民地的角度看,建立在先例基础上的宪法还有一个更吸引人的特点,它体现了现在所谓的"明线"(bright-line)可信承诺。大英帝国的联邦制度中固有的权力划分是如此明确,以至于几乎任何公民都能分辨出它何时被违反了。这种监督的便捷性使得殖民地更容易协调他们对破坏行为的反应。

如上所述,尽管殖民地居民和英国人对帝国宪法的理解都是基于实践的,但他们确实从这些实践中产生了截然不同的理解。特别是英国人逐渐认识到他们特有的治理制度,尤其是国王在议会中的地位,是对抗暴政的主要堡垒。一个世纪以来,这种做法使他们更倾向于阐明议会主权的立场。在这种立场下,议会的任何法案在定义上都是合宪的(Blackstone,1765,第156页)。

因此,从英国人的角度看,先例和实践的宪法地位与美国完全不同。对英国人来说,帝国的治理结构虽然有用,但不具备宪法地位。相反,它们只是政策决定,是权宜之计,是为了效率,只要英国议会认为这些决定不合宜,就可以修改。因此,对英国人来说,殖民地议会是英国议会授予的特权,而不是赋予它的宪法权利。

宪法与革命危机

在七年战争结束之前,这些分歧几乎没有带来持久的问题。根据格林

（1994）记载，由于殖民地与帝国官员在许多问题上发生冲突，许多围绕权力的争端出现了。在1763年以前，宗主国和殖民地都设法和平解决了这些争端，但从来没有从根本上解决宪法问题。1763年之后危机的不同之处在于，随着时间的推移，危机变得越来越严重，最后以战争告终。

在这场危机中，双方对主权和宪法的不同理解是至关重要的，这些概念指导双方解释自己和对手的行动。殖民地对历史悠久的主权分割的看法与他们对宪法的看法相吻合，这是基于先例和长期实践确立的。从殖民地的角度看，英国在税收、驻军和暂停殖民地立法方面的企图似乎是对宪法和美国自由的公然侵犯。美国人再三宣称，他们只是寻求在帝国体系内维持宪法现状，而不是独立。

对英国人来说，议会对宪法的最高权威意味着它不受传统的约束。从18世纪30年代末到七年战争结束，在经历了一系列漫长的战争后，帝国的政策发生了根本性变化，这是因为帝国面临的情况发生了重大变化。尽管1763年之后帝国的治理尤其是对美国的治理发生了变化，但英国人认为这种变化完全在宪法的授权范围之内。他们打了一场代价高昂的战争，部分是为了保护殖民地，也有部分是一个巨大的新帝国需要改变治理方式。在英国看来，美国反对议会的要求和观点似乎是对帝国制度的公然侵犯。尽管美国人声称要维持现状，但在英国人看来，他们的要求就是想通过革命脱离帝国。

大英帝国的权力划分是一种明确的承诺机制，这有助于解释为什么1763年后英国的行动和重新阐述宪法原则会引起殖民地的恐惧。英国认为议会是至高无上且不受限制的，这一观点抛弃了为美国的自由提供可信承诺的一整套机制。此外，从殖民地的角度看，英国的议会主权理论没有很好的替代品，甚至连较差的替代品也没有，这种缺失可能使美国人感到不能可信地免受宗主国机会主义行为的影响，因为今天的议会多数派不能约束明天的议会，今天立法中的任何内容在明天都可能被修改。

同样，在英国看来，美国的说法也不可信。当美国人声称宪法允许英国议会进行监管但不允许征税时，英国人想知道为什么要相信美国人的说法，这些是他们向英国要求的唯一权利吗？英国人问道："但是，怎么保证你们不会很快抱怨你们的贸易受到了限制……就像你们现在正在抱怨税收法案一样？"（Hutchinson，第407页）即使美国人对权利的主张不起作用，但争议似乎不可避免，因为"同样的事情可能在议会看来是合理和公正的，而在其他人看来则可能恰恰相反"。

重新阐述的英国宪法观点有两个直接影响。首先，它们威胁殖民地，要消除对经济、社会和政治组织可信承诺的历史来源。当然，并非所有人都能意识到这一点，它只是随着时间的推移才变得明显。其次，正如我们将看到的，英国人关于主权不能分割的观点使美国人支持主权分割的论点显得离经叛道。一旦英国人开始应对这种类似叛国的行为，这些影响就会产生不祥的后果。英国人认为他们采取的措施是适当且合法的，在他们看来，殖民地的所作所为是对合法权威的挑衅，因此这是在叛国。而美国人认为他们的行为才是适当且合法的，对他们来说，英国的行为侵犯了他们的自由和权利，因此英国是暴虐的。于是，思想上的分歧使双方陷入不可调和的冲突，最终走向战争。

四、七年战争后的帝国统治

北美殖民地和英国之间的争端是在七年战争结束时开始的。当时，英国人发现自己建立了一个七拼八凑的草台帝国，每一块都是为了满足当时的需要而打造的。尽管存在这种组织结构上的不协调，但帝国还是运作了起来。在1763 年之前的一个世纪里，帝国内部的和谐是由各部分的自我利益和一系列关于自由的互补价值观决定的。1689 年之后，法国的威胁巩固了美国和英国自身利益的和谐：双方都需要彼此。结合美洲殖民地构成大英帝国的主要部分这一事实，法国的威胁意味着对一方的重大损害会连带影响另一方。英美合作反映了这一现实，面对法国的威胁，英美的利益和谐支撑了帝国的治理。

1763 年的帝国

这一政策的成功可以从殖民地的转型中看出端倪。事实上，以任何经济方面的标准来衡量，1750 年的美洲殖民地都是繁荣的。例如，1650 年至 1700年，美洲殖民地的人口几乎翻了两番，从11.4 万人增加到41.2 万人。到1770年，殖民地人口增加了七倍，达到 280 万人，其中近 80% 居住在北美。虽然收入和财富数据较难获得，但我们掌握的零星数据也表明美洲的经济表现非常好，居民收入为742～866 美元（McCusker and Menard，1985，第 50 页）。此外，殖民地的财富和收入分配比英国更广泛。因此，相比于英国，经济政策对殖民地有更直接的影响。

殖民地的发展是由它们参与的英美经济区域专业化推动的。从新斯科舍省一直延伸到舒格群岛,美洲殖民地通过劳动分工紧密联系在一起,使所有殖民地都变得更加富裕。这种劳动分工使它们能够实现专业化,这样每个人都能生产出更多的产品。

与英国经济相比,殖民地的规模很小,而且考虑到帝国的政策,它们并非公共收入的重要来源。但是,对那些参与帝国经济的英国人来说,殖民地很重要,殖民政策对他们获取长期稳定的经济收益至关重要。如果殖民地遭殃,他们也会遭殃,这些商人最终在英国形成了一个利益集团。

殖民地的经济具有多样性,南方有种植园,北方有自给自足的农业,这也和他们的宗教多样性相匹配。与英国一样,殖民地也由新教徒统治。然而,这种统治掩盖了重要的差异,最明显的是殖民地没有接受英国国教。事实上,殖民地并不受任何单一教派的支配,各殖民地的宗教构成各不相同。在大多数情况下,英国国教只不过是其中一个教派而已。各殖民地也有很大的多样性,在许多殖民地,没有单一的宗教占主导地位,也没有多数群体占主导地位。在一些殖民地,可能有一个既定的宗教,但更多人则信仰某种其他宗教。

这种多样性对殖民地居民如何看待政府产生了重要影响。最明显的是,殖民地居民担心宗教统治,许多人担忧如果"错误"的人掌握了权柄会发生什么。这些恐惧包括对殖民地内部统治以及外部强加的宗教的担忧。英国人可能会把国教强加给他们,"教皇就是教皇,不管他住在罗马还是坎特伯雷"(Clark,1994)。

在1750年前后这段时期,政治实践也发生了变化,这些变化与经济及社会的变化一样令人瞩目。如上所述,到1750年,殖民地的自治程度越来越高(Greene,1986),他们发展出真正的代议制、立法机构和法院。从1748年开始,英国开始重申对殖民地的控制,如贸易委员会提出了一系列要求,反对殖民地发行纸币等,但所有这些政策在短期内都失败了,例如货币法案在议会中被否决了两次。七年战争的爆发暂时结束了这一切,但是,它为日后大西洋两岸的不满情绪埋下了伏笔。在英国方面,这些改革的失败表明"零敲碎打的改革"是徒劳无功的,需要制定更系统的政策方案。而在美国方面,他们后来提供的证据表明,此后的政策举措只是一个更大计划的一部分。

和平政策与帝国的重建

正是在这样的背景下,英国和殖民地不得不对七年战争结束后的冲击做出反应（Christie，1966；Tucker and Hendrickson，1982）。战争的结束和法国人从北美洲撤离对英国和殖民地都有重要影响。第一，它暂时消除了法国人的威胁。第二，胜利催生了一个更大、更安全、更多样化但负债累累的帝国。第三，前两点意味着英国和美国的利益都将发生重大变化，双方各自的利益不再协调一致，一损俱损的局面已不复存在。

对英国人来说，庞大的新帝国带来了一系列新的行政和政策问题，旧的帝国统治手段完全不能适应新的形势。此外，正如18世纪50年代的经验表明的，零敲碎打的改革不太可能继续成功，未来很可能需要能够同时影响所有殖民地的政策。因此，英国人开始探索一种新的行政管理制度。这给美国人带来了一系列新的风险。在七年战争之前，美洲殖民地在帝国中占有很大的比重，英国基于自身利益也愿意推动殖民地实现经济增长。但七年战争之后，对整个帝国有利的政策不一定对帝国的任意一个部分都有利，特别是，如果英国人认为某地的负担可以由其他地方的收益来补偿，那么他们可能会轻易推动一项对部分地区施加额外负担的政策。

七年战争对美国人的行为也产生了若干影响，首先，在没有法国威胁的情况下，美国人不太可能承受负担，因为这些负担不会带来什么收益。同样的道理也适用于英国：现在更大的帝国意味着原来的美洲殖民地不再显得那么庞大。自利的各方讨价还价的标准理论表明，美国人对于和英国人达成和解的态度将不如战前。其次，美国在同一时期发生了经济变化：在这个世纪中叶，美国第一次拥有了可以征用的财富（McCusker and Menard，1985），这对英美都有影响。对英国来说，这意味第一次能够从美国人那里榨取财富，对美国来说，这意味着它更害怕英国的机会主义。

这种观点为塔克和亨德里克森（1992）的说法提供了一种解释，即七年战争后英国和美国的利益变化意味着即使双方都同意原先的帝国宪法，他们也不会照章行事。换句话说，在七年战争前后，同一部宪法的意义完全不同了。此外，正如塔克和亨德里克森所说的，当时宪法允许的自由意味着美国人将走向事实上的独立。

这并不是说美国独立是不可避免的，毕竟，殖民地相对来说是幸福的，这只是说明双方在不修宪的情况下将走向何方。考虑到新的情况，双方本可以就帝国的治理达成一套新的协议。但是，除了找到可接受的新协议，他们还需要确保通过谈判达成的宪法改革在未来将继续得到遵守。

五、从帝国到独立：危机叙事

在七年战争结束到《独立宣言》发表的这段时间里，英国和殖民地的关系并非持续恶化，而是随着政策推行和退出的周期而起伏。每个周期都始于英国采取新的殖民地政策，并以殖民地做出令人不快的反应而告终。这反过来又导致英国对殖民地采取更严厉的政策，更多地尝试通过强制执行的方式解决问题。而当英国放弃这些更激进的法案后，大西洋两岸要求广泛改革的运动就结束了，每一次循环都是如此。之后，整个周期又将从英国提出一些新的政策而重新开始。这段历史是众所周知的，我们只在下面概述其中的重要部分。

如前文所述，战后英国面临的直接问题是如何管理新帝国。英国的胜利引起了几个新的战略思考：首先是在新获得的领土上发生叛乱的威胁；其次是在殖民地向西扩展的压力下，人们越来越担心与印第安人的冲突会加剧；再次是法国人在加勒比地区仍然拥有势力，这可能威胁到一些没有得到很好保护的殖民地。

为了回应这些担忧，英国政府建议在殖民地永久驻军。由于七年战争造成了新的财政负担，如何支付驻军费用是个复杂的问题。战争增加了英国公众的负担，全国债务几乎翻了一番，从 7 000 万英镑增加到 1.3 亿英镑，同时预算增加了 10 倍，从 1 400 万英镑增至 1.45 亿英镑。显然，在这种情况下，殖民地将不得不支付更多的防御费用。

为了从殖民地筹措资金，1764 年 4 月，议会通过了《糖税法案》。该法案旨在"从美国筹集收入，用于支付为美国提供防卫、保护和保障之类的费用"（Greene，1986）。为实现这一目标，该法案降低了糖的关税，但要求必须充分征税。为确保征税能够顺利进行，违规者将不再由当地法院审判，而是在新斯科舍省哈利法克斯的一个特别海事法庭审判。

殖民地反对这部法案，但并非因为不想支付驻军费用。事实上，马萨诸塞州甚至请愿允许立法机构提高税收以向英国支付款项。殖民地反对该法案的理由是，英国议会向殖民地征税是违宪的。

除了对糖征税外，该法案还告知殖民地议会，英国议会正在打算通过《印花税法案》，要求所有商品只有贴上印花税票才能出售。英国议会对《印花税法案》展开了激烈辩论。支持者称，殖民地是"我们怀抱中的孩子"，并问他们是否"愿意贡献一些自己的力量，以减轻我们承受的沉重负担?"

（Morgan and Morgan，1965，第69页）；反对者认为，这部法案难以执行，曾担任驻美英军指挥官的盖奇将军提到，"除非法案本身可执行，否则只有靠相当大的军事力量才能做到"（Tuchman，1985，第158页）。还有一些人警告，这种行动将代价高昂，因为美国人"是一个精心守护自由的民族，一旦自由被侵犯，他们就会保护它——但这个话题太敏感，我就不多说了"（Tuchman，1985，第152页）。

殖民地向英国议会提交请愿书以反对该法案，但是议会拒绝了，理由是这些请愿书涉及相关的税收法案，在法案通过之前，议员们不能对这些法案进行游说。此后，殖民地发起了一场宣传活动，并组织了一些抵制运动。这些抵制运动被称为"不进口运动"，使英国蒙受了不小的贸易损失，美国从英国的进口额由200万英镑下降至170万英镑。

也许更重要的是，这场运动为后来殖民地反对帝国的其他政策奠定了基础。在反对该法案时，殖民地反对的并非法案的内容，而是其违宪性。他们援引各种先例和宪法理论，认为该法案代表了帝国内部权力的重新分配，但这种新变化会在以后伤害他们。特别是，他们坚持认为，虽然英国人可以监管帝国，但他们不能向殖民地征税，因为殖民地在英国议会中没有代表。

抵制的效果足以迫使英国人重新思考他们的政策。许多英国人反对任何让步，担心这样会显得软弱，并鼓励殖民地得寸进尺。因此，内阁成员诺辛厄姆（Lord Northingham）勋爵声称，废除这些法案意味着"英国将被美洲征服，反而成为自己殖民地的一个省"（Tuchman，1985，第163页）。甚至那些想要改变政策的人也担心，这样做意味着他们在帝国宪法结构上向殖民地让步。

最终，英国废除了该法案，同时通过了《宣示法案》（Declaratory Act），这部法案类似于之前在爱尔兰通过的法案，宣称议会是至高无上的，不受限制的，因此，它通过的《印花税法案》是合宪的（Greene，1986，第85页）。在议会这样做的过程中，它并没有确立权力或权利，而只是宣布它们已经是什么。

在这一年的晚些时候，英国议会又通过了《驻军法案》（Quartering Act），重新讨论了支付军队费用的问题，该法案规定了殖民地议会必须为英国军队提供的经费。当纽约议会拒绝对这笔费用进行表决时，英国议会通过了《纽约暂停法案》（New York Suspending Act），该法案使纽约议会的所有法案无效，直到它投票决定为军队提供费用。这种暂停导致了殖民地的另一轮抗议。

1767 年 1 月，汤森提出了一项预算，继续对新英格兰地区的土地征收高额税收。由于殖民地怨声载道，他提出可以降低税收，但条件是议会不必支付殖民地的管理费用。为了弥补较低的税收，汤森提议可以对殖民地征收一系列关税，其中包括对茶叶征收关税。该法案在 5 月通过后，马萨诸塞州议会发出了一份通告，要求其他殖民地一起进行联合抵制。但负责美国事务的大臣给马萨诸塞州议会发了一封信，威胁说如果他们继续抗争，就会解散这些地方议会。然而这一威胁产生了相反的效果，原本不打算跟随马萨诸塞州的其他殖民地议会此后也纷纷支持马萨诸塞州。

波士顿因此出现了动荡和骚乱，盖奇将军不得不召集船只和军队，这反过来又导致殖民者开始了抵制英国商品的新行动。这波行动在夏末蔓延到了所有的殖民地，并持续到第二年。其结果是，殖民地与英国的贸易下降了 1/3，而英国只收到了 1/10 的殖民地驻军费用。该法案最终在 1770 年 5 月被废除，但为了避免殖民地进一步提出主张，英国议会没有废除该法案的序言，序言宣称英国议会有权对茶叶征收关税和税赋。

另一项重大政策举措是 1773 年《茶税法案》（Tea Act）的出台。该法案旨在帮助东印度公司，它降低了茶叶关税，同时增加了对茶叶走私的罚款。殖民地的反应是再次抗议该法案违宪，这场抗议在波士顿倾茶事件中达到了高潮，殖民地为了维护宪法主张而销毁茶叶。英国人对这场抵制运动的反应是又一次强行通过了《强制或惩罚法案》，又称《不可容忍法案》①（Greene，1986，第 23 页）。其中的第一部法案宣布封锁波士顿，直到它支付茶叶费用并交纳关税。一些反对者指出，这可能会产生糟糕的后果："这部法案的结果是促成一个大联邦来对抗英国的力量"（佛罗里达前政府，转引自Tuchman，1985，第 197 页）。

由于这部法案未能在殖民地产生作用，于是议会又通过了三部法案。第一，废除了马萨诸塞州的殖民地宪章；第二，通过了《司法管理法案》（Administration of Justice Act），规定殖民地官员将在殖民地以外受审；第三，《驻军法案》允许帝国官员在殖民地议会未充分提供资金的情况下，没收当地财产以支持军队。

---

① 波士顿倾茶事件后，英国议会在 1774 年 4 月接连通过了五部法案，意在惩罚马萨诸塞州（波士顿所在州）。英国政府称这一系列法案为《强制法案》（Coercive Acts），而美国人则称之为《不可容忍法案》（Intolerable Acts）。——译者注

《魁北克法案》（The Quebec Act）把殖民地宣称拥有主权的一些领土划给了加拿大，为了缓解魁北克的紧张局势，该法案试图通过保护魁北克人的传统法律制度和宗教来安抚他们。但是，此前英国一直在努力让各殖民地支持英国国教，魁北克的待遇让其他殖民地感到困惑：为什么英国支持天主教徒的宗教自由，却不支持他们的新教徒同胞？莫非他们是想奴役殖民地？（Greene，1995，第209页）

为了回应这些举动，整个殖民地的人们呼吁通信委员会①召开会议，并采取统一行动。倡导者包括杰斐逊，他认为"不管换了多少个大臣，英国的法案都坚定不移地推进，这显而易见地证明了英国深思熟虑且有组织地打算奴役我们"（*A Summary View of the Rights of British America*，转引自 Greene，1995，第231页）。英国的评论家则认为，如果政策不一致、不连贯、考虑不周，那除了让美国人发疯以外，发挥不了任何作用。

在大会上，美国通过了多项决议。首先，他们呼吁不进口，并承诺如果有殖民地做不到，那么他们将不与其往来。他们还宣布，虽然受王室管辖，但不受议会制约。同时，他们拒绝争取独立，约翰·亚当斯认为独立是"一个面目狰狞的妖怪，让一个娇弱的人不敢直视"（Tuchman，1985，第201页）。

1775年议会召开时，皮特呼吁撤军，并提出了相关法案。但由于他是少数派，最终未能成功。相反，议会宣布新英格兰正处于叛乱状态，需要出动更多的军队。终于，在1775年4月，盖奇将军前往列克星敦缴获了一批武器，战争由此爆发。8月，英国国王发布了《镇压叛乱和暴动宣言》，而大陆会议则提出了《橄榄枝请愿书》（又译《和平请愿书》）。后者遭到了拒绝，1778年英国派出的和平使团也遭到了拒绝，虽然该使团表示，除了独立，英国可以接受美国人早先提出的所有其他条件。

六、解释、革命和均衡

如果孤立地看，我们很难看出这些事件是如何引致殖民地走向独立的。尽管认识到（并阐明了）特定政策的好处与美国独立的代价之间存在差异，但革命还是发生了，这就加深了人们的困惑。正如埃德蒙·伯克指出的，"对宗

---

① 1772年11月由塞缪尔·亚当斯等人建立的宣传和协调反英活动的革命组织，在马萨诸塞州80多个市镇相继成立了许多地方通信委员会。曾组织波士顿倾茶事件。——译者注

主国来说，无论在经济、政治还是道德上，保留殖民地的价值要比征税筹集的款项，甚至比所谓的宪法原则要大得多"（Tuchman，1985，第128页）。然而，如果用我们的理论来解释，革命的进程就更容易理解。

殖民地视角下的危机

我们的叙事的第一个特点是，激进派的论点"增大了利害关系"。虽然大多数美国人都认为英国的政策不好，但最初很少有人认为这些政策是危险的。换句话说，π 很小，而且肯定比 π^* 小。然而，从一开始激进派就认为英国的行为构成了暴政，自己的世界正岌岌可危。

在提出这一论点时，激进派暗示风险比大多数殖民地居民意识到的要高。事实上，他们中的一些人明确警告，如果不能清楚地认识到英国的威胁，将会带来危险。例如，在最早的殖民地小册子中，约翰·狄金森认为，英国人先降低了税收负担，以让美国人能够接受征税，从而制造一个能够在将来用于援引的"先例"。根据他的说法，如果大家只关注税收的多少，那就"被卖了还帮他们数钱"（Dickinson，1767）。

于是，所有美国人的利益都联系在了一起，不管他们的价值观和处境有何不同。例如，对自由的讨论使商人和宗教团体的命运联系在一起，尽管宗教团体没有受到各种税法的直接损害，但他们受到英国反对地方立法机构的直接威胁，毕竟他们正是依靠这些机构才得以维持宗教自由的。

我们的理论表明，为什么激进派会如此努力地增大利害关系。首先，也是最明显的，激进派把英国伤害少数商人群体的行为同伤害整个殖民地联系起来。对英国人来说，这只是向商人征税，但对殖民地来说，这是在打开暴政的大门。其次，根据我们的理论，尽管不那么明显，增大利害关系降低了普通居民或重要居民转向支持激进派的临界概率。

我们的理论也解释了激进派阐述其思想的精妙之处：通过关注宪法，激进派将思想领域与行动领域联系起来。激进派全面描述了七年战争后的大英帝国，他们清晰地阐述了一种将自由、治理和宪法联系起来的理论，而该理论是在帝国早期的实践背景下诞生的。通过诉诸这些实践，激进派不仅获得了宪法的权威解释权，而且建立了一个宪法基准，用来判断新政策是否合宪。

这个基准反过来又能帮助他们解释英国人在做什么。一开始，宣称英国人有激进想法的言论并不符合殖民地普通居民的经验，殖民地在帝国的统治下相当繁荣，人们很难相信英国会有暴政。但是，随着英国人继续主张对殖民地的控制权，他们的行为已经和过去不同了。随着时间的推移，激进派似乎是唯一能够解释英国行动的群体。通过假设英国以牺牲殖民地为代价来系统地改变宪法，激进理论解释了英国的各种行动。换句话说，英国人的行动佐证了激进派的主张。这个确认过程与我们之前提到的对思想与行动之间关系的贝叶斯分析是一致的。具体来说，英国的行动提高了 π，即激进派的思想为真的概率。

对许多温和派来说，第一个重要的确认证据来自《宣示法案》。随着《印花税法案》的废除，《宣示法案》宣布议会有权对殖民地征税。英国人声称《印花税法案》是与早期帝国统治相一致的税收措施，但这一说法很难解释这部法案。既然是为了收入，那为什么还需要宣示权力呢？如果这些权力众所周知，为什么还需要宣布议会拥有这些权力呢？这一宣示尤其令人不安，因为它将美国殖民地与爱尔兰等量齐观。而美国人并不这么认为，他们都觉得爱尔兰没有权利，因为爱尔兰是被武力征服的领土。

久而久之，这种推理逐渐导致越来越多的美国人相信激进派对其他法案的看法也是正确的。例如，暂停殖民地集会的各种法案是揭示英国人意图的直接证据。英国人希望暂停集会，并以武力加持这种暂停决定，这表明他们对殖民地立法机构地位的承诺缺乏可信性。在推行这些做法的过程中，英国不仅打击了激进派，而且也打击了殖民地的每一位居民，因为他们都认为地方立法机构是维护美国自由的核心机构。

英国通过施加与美国行动不相称的惩罚进一步证实了这一点。当然，从英国的角度看，这种惩罚是有道理的，他们想通过严厉打击激进派来孤立他们，从而破坏他们的支持基础。英国人认为，除此之外的任何反应都会表现出软弱，从而增强殖民地谋取独立的动力。具有讽刺意味的是考虑到美国人的信念，这种策略正中激进派下怀，"证实"了他们的主张。

在每一种情况下，根据贝叶斯逻辑，π 的提高都会让更多人站在激进派一边。殖民地认为英国可能是暴虐的（概率 π），也可能是善良的，只是行动仓促了点（概率 $1 - \pi$）。如果英国人是善良的，而只是有些仓促，那么他们可能会选择匆忙关闭地方立法机构，但也可能不关。如果英国人是暴虐的，那么他们一定会暂停立法机构的运行。贝叶斯法则暗示，在这些信念下，英国人暂停立法机构的行为提高了 π。随着"证据"事件越来越多，殖民地居民认为英国人实施暴政的可能性越来越高。

一开始，激进派的论点并不具有说服力，他们有两个观点还需要说清楚。第一，如果英国人是和平善良的，那这场争论肯定会以合理的方式得到解决。第二，如里德（Reid，1977，第489页）所说，在回应议会能够而且正在武断行事，从而威胁了美国自由的指控时：

> 美国的托利党人和驻扎在殖民地的英国官员有第二个答案，一个辉格党更难对付的答案：无论议会多么武断，让辉格党上台都只会更糟。议会虽然不会受到什么强制性法律原则的束缚，但它会受到传统、历史、习惯、先例以及几个世纪以来不断演变的实践和经验的限制。

随着时间的推移，两种观点都失去了吸引力，因为英国未能提供可信的妥协，其行动日益威胁到所有美国人。

这种模式有助于解释殖民地为什么将英国视为威胁：英国的行为正在损毁它对美国权利承诺的可信性。

正如拉科夫（1979）所说，温和派最终同意了激进派的观点，即 $\pi > \pi^*$，但其实温和派对这一结果并不满意。事实上，正如拉科夫所说，温和派仍然希望英国能在1776年初向殖民地提供一个可信的妥协方案。但英国没有提出任何妥协方案，这只能进一步证明激进派是正确的，因为如果英国人善良仁慈，就一定会提出一个可信的妥协方案。

引用伍德（1969，第40页）提出的"不断深入人心的信念"：

> 认为英国大臣阴谋剥夺殖民地自由的这种信念正在不断发酵，这不仅是美国人革命热情高涨的征兆，也使美国人形成了……能够证明和解释其革命行动的思维框架。

自由是将每一个人联系在一起的概念，它不仅是一种理想，更是一种通过可信承诺将各种运动和日常生活联系起来的理论。由于英国造成了威胁并且没有妥协，所有美国人被迫达成一致。

英国视角下的危机

英国的行动导致许多美国温和派相信激进派的说法是对的，英国人正在密谋收拾殖民地。与此同时，类似的过程也在英国发生，但这使英国人得出了完全相反的结论。英国人知道，与殖民地激进派的主张相反，他们并不是要对殖民地施行暴政，他们是在试图扭转过去几十年的不良趋势以保护帝国。他们也知道自己提出的政策是合宪的，因此他们面临着与殖民地刚好相反的问题：如何理解殖民地的行为？和美国人的逻辑一样，对英国人来说，证明激进派图谋占有殖民地的最有力证据就是殖民地自己的行为。除非激进派确实心存欲望，而且殖民地的确想要独立，否则很难理解他们的言行。

如前所述，一些英国人一直担心殖民地在七年战争之前就开始寻求独立。18 世纪 40 年代末，贸易委员会发起了一场帝国行政管理改革运动，该运动受到多种因素的推动，最明显的是他们认识到，帝国在殖民地的权威已被削弱。他们认为，这很大程度上应归咎于治理结构，这些治理结构烦琐而笨拙。为了解决这些问题，他们提出了一系列改革，其中大部分是针对不同殖民地的差异化改革措施。这些改革大多以失败告终，这让他们得出结论：在当前形势下必须采取更强硬的措施。

七年战争加剧了英国对帝国未来的担忧。无论现实如何，来自殖民地军事领导人的报告表明，殖民地没有积极贡献自己的力量，反而正在无视帝国的权威。此外，许多人认识到，法国威胁的消失降低了殖民地脱离帝国的成本。

正是在这种背景下，英国人开始制定战后政策。根据他们先前的经验，许多人坚信帝国的治理结构是存在问题的，只能通过改革来解决，先前尝试的针对不同殖民地采取不同措施的权宜之计明显没有奏效。

从这个角度看，殖民地的言论有助于证实某些（最初很少）激进派人士的主张，他们声称殖民地要谋取独立。当殖民地抵制《印花税法案》并称它违宪时，这些主张与英国人自以为的意图完全不同，对宪法的理解也不一致。因此，英国需要殖民地解释自己的主张。

随着殖民地地位的不断提高，英美观点的分歧更加明显。殖民地越是主张自己的立场，英国人就越难理解他们的意图。美国人的行动最终"证明"，正如激进派主张的，他们真的想要独立。

解答我们的困惑

我们关于思想和可信承诺的理论将思想领域与利益和行动领域联系在一起。正如历史学家长期以来得出的结论，美国人阐述了一套丰富的关于理想社会的应然理论。然而，除此之外，他们的理论也解释了他们所处世界的一些方面：是什么保护了旧帝国的自由与秩序？为什么英国的思想和行动深深威胁着美国的自由和秩序？宪法理想隐含的政治制度如何保护一个独立美国的自由？在我们看来，理想和利益是同一现象的两个不同方面。

谜题 1 的答案：殖民地的思想在 1763 年时差异很大，演变到后来形成一个主流思想，对此我们如何解释？革命者的思想包含了一种理论，即在 1763 年之前的帝国治理结构下，美国人日常的生活、自由和对幸福的追求是如何持续的。然后，他们论证了英国在七年战争后的行动如何威胁到这些理想。接下来是英国对殖民地行动的回应证实了革命者的观点。在 1764 年的时候，对大多数殖民者来说，微不足道的印花税会影响所有殖民地居民的自由这种观点似乎有些夸大其词。但是，在英国开始暂停殖民地的集会之后，这个观点才有了真正的意义和可信度。只有革命者的观点才能够解释英国人的行为，认为英国人是出于好意的观点则无法解释这些行为。

谜题 2 的答案：为什么 1763 年之后的分歧大到足以导致革命，而 1763 年之前却没有？我们的答案有两部分。首先，七年战争极大地改变了双方的利益结构。随着法国威胁的消失，美国人不再需要生活在英国的保护伞下。同时，更大的新帝国意味着美洲殖民地对英国的价值下降了。与 1763 年之前相比，此时的双方更不可能互相迁就。

其次，1763 年之后的利害关系要大得多。由于经济增长，美国人现在面对的利害关系比以前大得多。

谜题 3 的答案：思想领域如何与行动和利益领域产生联系？正如我们在前文解释的，思想和利益是互补的，如果这些理想不与大多数美国人的日常生活直接相关，它就不会具有如此强烈的吸引力。

我们的理论说明了革命者的思想和美国利益之间的具体联系。革命者关于宪法、主权和帝国的理论同时解释了现在的自由是如何受到保护的，以及为什么英国在 1763 年后的行动有如此大的威胁。随着英国的行动似乎越来越威胁到美国的自由，对美国来说，为自由提供可信的保护机制就越加重要。英国人威胁到了美国政治秩序和自由的基础，大多数美国人肯定会做出强烈反应。

新经济史学派声称利害关系很小，显然这一观点忽略了革命者清晰阐述的主要威胁来源。由殖民地立法机构保护的美国自由受到威胁的利害关系远大于贸易法规牵涉的利害关系。"新经济史学派研究的只是一条狗的尾巴，而非整条狗。"按照现代历史学家的观点，我们认为殖民地利用了英国在贸易法规上的行动，以此表明英国的行动会如何威胁到更重要的领域。（这里解释一下新经济史学派在哪里出了问题：新古典经济学认为，财产权、政治自由和个人自由都是给定的，但在我们看来，整个冲突都围绕着保护这些权利而展开。）

谜题 4 的答案：为什么 1763 年之前的分歧能和平解决，而 1763 年之后发生了暴力革命？在我们看来，两个因素有助于解释为什么革命只发生在 1763 年之后：利害关系比以前大得多，以及英国人似乎不愿意解决这些问题。我们认为，如果英国人能够提出一个可信的妥协方案，"向美国的温和派展示一些东西"，这场冲突本来是可以解决的，但他们没有。

我们的方法有一个明显的缺点，就是没有给出英国人为什么那样做的理论。我们的唯一辩解是，这种缺点不是我们独有的。大多数历史学家也无法解释为什么英国人坚持他们的路线。尽管如此，这一空白仍然意味着美国革命的一个基本问题没有得到很好的解释。

七、结论：美国革命中的思想、利益和可信承诺

美国革命、建国以及南北战争依然是美国历史上的典型事件之一。因此，我们仍然对这些问题感兴趣：它为什么会发生？是不可避免的吗？还是某一方设计好的结果？如果是，是谁，目的是什么？是寻求将地方自治和本地统治结合起来的殖民地精英？是英国大臣们试图将英国宪法的腐败延伸到新大陆？还是说这仅仅是一次不幸的意外，是由人们对宪法的观点分歧引起的，而这种分歧一直没有引起人们的注意，导致发展到无法和解的地步？

正如我们在这篇论文中指出的那样，历史学家之间的共识是，美国革命是关于思想而非利益的运动。但我们的解释表明，这个结论是建立在错误的区分之上的。我们认为思想和利益是互补品，而非替代品，特别是，我们拒绝将利益和行动简单画等号，相反，我们认为关心未来的战略家会考虑其决策在未来会产生什么后果，而且宪法能够将今天的行为和未来的结果联系起来，因此他们非常关注宪法。

由于殖民地居民担心宪法和利益之间的联系，他们在宪法中的利益不仅反映对抽象理想的偏好，他们最关注的是对理想的承诺是否可信。毕竟在一个利己主义盛行的世界里，不能实现的理想无法保护任何人。因此，殖民地的很多言论都围绕着可信承诺展开也就不足为奇了。

在整篇论文中，我们已经提出，激进派的精明之处在于他们能够精心设计在政治上取得成功的言论。当然，这是一项了不起的成就。与此同时，他们提

出的理论让他们对政治进程的本质有了更深刻的理解。事实上，正如我们的叙述所示，现代学者直到最近才开发出分析工具，使他们能够欣赏革命者的真知灼见。

（中国社会科学院大学 项宇星 译）

参考文献

Bailyn, Bernard. 1967. *The Ideological Origins of the American Revolution*. Cambridge：Harvard University Press.

Bates, Robert, De Figueiredo, Rui and Barry Weingast. 1998. "Rationality and Interpretation：The Politics of Transition," *Politics and Society*.

Blackstone, William. 1765. *Commentaries on the Laws of England. A Facsimile of the First Edition of 1765 – 1769. Vol. 1：Of the Rights of Persons*. Chicago：University of Chicago Press.

Christie, Ian. 1966. *Crisis of Empire：Great Britain and the American Colonies, 1754 – 1783*. London：Edward Arnold.

Clarke, J. C. D. (1994). *The Language of Liberty 1660 – 1832：Political Discourse and Social Dynamics in the Anglo-American World*. New York：Cambridge University Press.

Denzau, Arthur and Douglass North. 1994. "Shared Mental Models：Ideologies and Institutions," Kyklos 47：3 – 31.

Draper, Theodore. 1996. *A Struggle for Power：The American Revolution*. New York：Random House.

Engerman, Stanley and Robert Gallman. (eds.) 1996). *The Cambridge Economic History of the United States：Vol. 1：The Colonial Era*. New York：Cambridge University Press.

Gibbons, Robert and Andrew Rutten. 1997. "Hierarchical Dilemmas：Social Contracts with Self-Interested Rulers." Working Paper, Cornell University.

Goldstein, Judith and Robert Keohane. (eds.) 1993. *Ideas and Foreign Policy*. Ithaca：Cornell University Press.

Greene, Jack. 1986. *Peripheries and Center：Constitutional Development in the Extended Polities of the British Empire and the United States, 1607 – 1788*. Athens：University of Georgia Press.

Greene, Jack. 1991. *Negotiated Authorities：Essays in Colonial Political and Constitutional History*. Charlottesville：University of Virginia Press.

Greene, Jack. 1995. *Understanding the American Revolution：Issues and Actors*. Charlottesville：University of Virginia Press.

Greene, Jack. 1995. *Interpreting Early America：Historiographical Essays*. Charlottesville：University of Virginia Press.

Hinich, Melvin and Michael Munger. 1994. *Ideology and the Theory of Public Choice*. Ann Arbor：University of Michigan Press.

McCusker, John and Russell Menard. 1985. *The Economy of British America, 1607 – 1789*. Chapel Hill：University of North Carolina Press.

Morgan, Edmund and Helen Morgan. 1995. *The Stamp Act Crisis：Prologue to Revolution*. Chapel Hill：University of North Carolina Press.

North, Douglass and Barry Weingast. 1989. "The Evolution of the Institutions of Public Choice," *Journal *of Economic History* 49: 803 – 832.

North, Douglass. 1990. *Institutions, Institutional Change and Economic Performance.* New York: Cambridge University Press.

Rakove, Jack. 1987. *The Beginnings of National Politics: An Interpretative History of the Continental Congress.* Baltimore: The Johns Hopkins University Press.

Rakove, Jack. 1996. *Original Meanings: Politics and Ideas in the Making of the Constitution.* New York: Alfred A. Knopf.

Reid, John. 1995. *Constitutional History of the American Revolution* (Abridged Edition). Madison: University of Wisconsin Press.

Riker, William. 1996. *The Strategy of Rhetoric: Campaigning for the American Constitution.* New Haven: Yale University Press.

Smith, Joseph Henry. 1965. *Appeals to the Privy Council from the American Plantations.* New York: Octagon Books.

Tucker, Robert and David Henderson. 1982. *Fall of the First British Empire: Origins of the War of American Independence.* Baltimore: The Johns Hopkins University Press.

Wood, Gordon. 1969. *The Creation of the American Republic, 1776 – 1787.* New York: W. W. Norton.

前沿

Guide

Comparative

设计规则的过去和未来

卡丽斯·鲍德温

1. 背景

《设计规则》第 1 卷最初是一个案例、一个难题、一个尚未发表的模型。该案例发生在 1987 年的升阳公司（Sun Microsystems Inc. , Baldwin and Soll, 1990）。1982 年成立的升阳公司是个异类：它的许多行为貌似与 MBA（工商

* Carliss Y. Baldwin，哈佛商学院企业管理 William L. White 讲席教授，主要研究设计过程及其对企业战略和商业生态系统结构的影响。她和哈佛商学院金·卡拉克（Kim Clark）教授共同写作了两卷本《设计规则》，第 1 卷《设计规则：模块化的力量》中文版已由中信出版集团出版，并将于近期再版，第 2 卷仍在写作之中，中文版也将由中信出版集团出版。原文 "Design Rules：Past and Future" 发表于 *Industrial and Corporate Change*，2022（00）：1 - 17。——编者注

** 衷心感谢 *Industrial and Corporate Change* 特刊的客座编辑 Michael Jacobides、Stefano Brusoni、Joachim Henkel、Samina Karim、Alan MacCormack、Phanish Puranam 和 Melissa Schilling；以及 *Industrial and Corporate Change* 的编辑们，他们给了我这个机会，让我反思《设计规则》第 1 卷的撰写过程，以及它对第 2 卷的影响。还要感谢特刊的撰稿人：Ron Sanchez、Peter Galvin and Norbert Bach；Christina Fang and Ji-hyun Kim；Marc Alochet、John Paul MacDuffie and Christophe Midler；Nicholas Argyres、Jackson Nickerson and Hakan Ozalp；Peter Murmann and Benedikt Schuler；Jose Arrieta、Roberto Fontana and Stefano Brusoni；Robin Cowan and Nicolas Jonard；Stephan Billinger、Stefano Benincasa、Oliver Baumann、Tobias Kretschmer and Terry Schumacher；Sabine Brunswicker and Satyam Mukherjee；Richard Langlois。感谢大家"过桥"，把第 1 卷当作你们旅程的起点！特别感谢 Alan mcaccormack 和 Samina Karim 对先前手稿的评论，使得本文得到了实质性改进。错误和遗漏之处由作者本人负责。

管理学硕士）和高管们学到的"健全管理原则"（sound management principle）背道而驰。升阳公司在公开资本市场融资的频率远高于表面的谨慎程度。它提供高性能的技术工作站，却似乎没有专利技术。公司用现成的硬件和软件构建了速度惊人的系统；将大部分制造业务外包；并开发了一个网络文件共享协议和一种精简指令集计算机芯片架构，但实际上没有使用这些专有技术，而是放弃了它们。升阳公司的管理者好像做错了每一件事，它的生存仿佛只是镜花水月。然而，升阳公司内部的硬件和软件架构师似乎也以一种崭新的眼光看待技术，将技术视为竞争博弈中的一方竞技场。20 世纪 80 年代中期，金·克拉克和我着手了解升阳公司掌握技术的奥秘及其显著的成功。我们的目标是把他们的"博弈"和"行动"引入正式的经济分析（Baldwin and Clark，1997）。

20 世纪 80 年代末，"模块化"（modularity）一词风行，周身环绕技术魔法的光晕。模块化使升阳公司及其主要竞争对手阿波罗计算机公司（Apollo Computer）得以将各自的系统关键组件外包。后来升阳公司基本上成功地将阿波罗公司逐出了市场，因为它无论如何都比对手"更模块化"。但模块化究竟是什么，如何在正式的经济学分析框架内表述它？

我们发现，模块化系统的优势在于，它的组件可以混合和匹配，从而在特定的环境中实现最高价值的配置（configuration）。混合和匹配之所以可行，是因为设计者不必精确地知道事后模块将如何排布。他们只需大致了解每个模块要做什么、如何装配，以及哪些因素能够构成良好的模块性能。所以我们认为，模块化的本质在于它为设计者提供了推迟并修改关键决策的选择权（option）。期权理论是经济学中一个定义明确的领域，拥有丰富的正式模型。1992年，我和金·克拉克建立了一个基于实物期权理论的模块化成本和收益模型。五年后，几经评审和修订，这个模型仍然未能发表（后来它成为《设计规则》第 1 卷第 10 章的基础）。1995 年初，鉴于我们在权威期刊上发表论文的希望破灭，我们开始写书。1996 年初，我们放弃初稿，重新著述。

无论如何，在那一刻，我们对要做的事情达成了共同愿景。在我们看来，当时（20 世纪 90 年代初）的所有观点，包括我们自己的主张，全都基于间接证据。我们依赖他人对设计的看法。但是二手资料并不可靠：在某些圈子里，每一种设计都被说成是模块化的。模块化可能是相对的。升阳公司和竞争对手阿波罗公司都可以如实宣称采用了模块化的计算机设计，但升阳公司的设计一定程度上更加模块化。因此我们察觉，在技术、战略和管理方面的文献中，有一个巨大的空白日益突显。那就是，设计本身发生了什么？这个问题促使我们撰写了《设计规则》（我们原本并不打算写成两卷）。

我们从两个基本观点切入。首先，模块化系统为设计者和用户创造了选择权。这是我们模型的基本信息。选择权的本质就是允许意外事件发生。在模块化技术系统中，模块设计者可以任意进行实验，然后从众多的测试中挑选最佳设计。开发过程可以择机渐进展开，每个模块都有自己半独立的轨道。整个过程就像生物演化，是渐进、平行的，而非预先确定的。

但是，设计演化与生物演化有三个重要的不同。首先，引起设计变化的过程是基于设计者的远见并受其目标和激励（包括经济激励）制约的搜索过程。其次，设计的生存取决于设计者自己的评估和评价，而这又基于他们对设计进行评级和排名的测试。最后，整个演化序列必定在某个结构框架内产生，而该框架本身就是为充当演化过程的"宿主"而设计的。受卡佛·米德和林恩·康威的启发，我们将这一框架称为系统的"设计规则"（Mead and Conway，1980）。

以下是我们的两个关键见解，它们构成了《设计规则》一书的核心内容：

- 模块化设计创建了多个选项；
- 模块化设计可以演化。

在阿什比（Ashby，1952）、西蒙（Simon，1962）和亚历山大（Alexander，1964）关于设计科学的开创性著作中，可以找到用不同语言表达的类似洞见。我们从这两个主题呼应了 20 世纪 90 年代末其他研究人员提出的理论论点，特别是朗格卢瓦和罗伯逊（Langlois and Robertson，1992）、加鲁德和库马拉斯瓦米（Garud and Kumaraswamy，1993，1995）、桑切斯和马奥尼（Sanchez and Mahoney，1996）以及席林（Schilling，2000）的阐述。

探寻"设计本身"促使我们只专注于一个行业，即"更大的"计算机产业。我们知道模块化是复杂系统的一般性质（Simon，1962；Schilling，2000）。因此，几乎在任何产业环境中都会出现某种形式的模块化。然而，为了"看到"设计者看到的设计，我们需要加深对某些特定领域的技术理解。我们必须学习一门或多门工程技术语言，即便不能熟练掌握，也应达到理解的程度。我们还须阅读具体设计的说明和评估，学会识别工程上反复出现的权衡与妥协。这种前景令人望而生畏，以至于我们很长一段时间内都在逃避上述工作。

但最终，一切变得避无可避。

那时，我们已经从以前的研究中获得了关于计算机技术的基础知识。我们知道大多数计算机设计都是高度模块化的；我们还知道，由于设计的改变，这个行业经历了巨大的结构性变化（事实上，这些变化至今仍在继续）。因此，1995 年，我们选择更大的计算机产业作为研究场所，包括所有进入计算机系统的硬件、软件、组件和服务制造商。然后，我们开始寻找和评估选项，绘制计算机设计的演化图。

在研究中，我们制定了四条规则：第一，只关注设计本身（而不是生产）；第二，不使用任何隐喻；第三，所有的定义和模型都将基于对真实设计和技术的"深刻"理解，以实例作为依据；第四，为了给出统一的阐释，我们只关注一组庞大的、不断演化的技术。我们相信，只有当使用技术创造新产品和新系统的人（主要是工程师）认为我们的论点合理且有说服力时，这些论点才是可信的。

实际上，我们首先研究同时代的技术：个人计算机、技术工作站、微处理器以及操作系统等。然而，在寻找计算机模块化的起源时，我们不得不回到IBM（国际商业机器公司）System/360 大型机甚至更远的计算机设计时代。我们发现，虽然计算机的设计和性能发生了极大变化，但是对设计选择权的渴望，以及模块化是打开大门钥匙的观念始终不变。无论我们回到多久远的年代，这都是事实。一些设计人员总是尝试通过模块化来创建选择权，另一些设计人员则希望集成所有组件以实现更高水平的性能。

你能想象，在找到一系列看似无休止的反复争论的源头之后，我们如释重负。我们发现，模块化的起源或可称为计算机设计的第一份"架构文档"，由伟大的数学家约翰·冯·诺依曼在 1944 年春天二战时期的几周内写成（Burks et al. , 1946）。尽管最初的备忘录直至他去世后才出版，但副本和修订稿广为流传，产生了巨大影响。事实上，后来所有的计算机设计都带有这份文档的印迹，因为它提供了一种方法，可以抽象和系统地思考电子计算机这个极其复杂的人工制品。（冯·诺依曼的报告和其他模块化计算机设计先驱的故事请参阅《设计规则》第 1 卷第 5 章。）

以 1944 年和冯·诺依曼的备忘录为起点，我们可以自由地再次向前推进，从这一共同的源头追踪实际设计的谱系。我们尝试记录设计师的认知演变和设计本身的平行演化。

1996 年初，我们的努力收获了意想不到的礼物，它来自计算机科学家兼演化理论家约翰·霍兰德（John Holland）的研究。霍兰德（1992，1996）提出了复杂适应系统的统领性理论，包括生物演化过程、神经元和免疫生长、细胞自动机以及重要的复杂博弈，比如跳棋和国际象棋等。由于他的理论涉猎广泛，我们能够在其框架内建立模块化设计演化的理论。在探究了他构建理论的过程后，我们开始思考如何完善自己的理论。受霍兰德启发，我们发掘了"运算符"（operators）的概念，即在结构化的多人博弈中，可以把运算符的基本移动和序列当作策略。

因此，《设计规则》第 1 卷的第一部分（第 2—8 章）解释什么是模块化，以及它如何出现在计算机的设计中。第二部分（第 9—16 章）阐述模块化可以做什么，以及它对周围经济的影响。在后面的章节里，我们对模块化设计实现的"运算符移动"进行了分类。在提出这一分类时，我们的目标是将运算符的抽象理论与实际设计和设计师决策的真实情况联系起来。我们并不试图提出完整的运算符列表。相反，我们的规则是给出"每个运算符的真实示例"。也就是说，我们描述的每个运算符，都必须至少在计算机产业史上的一起重要事件中扮演可记录的角色。

对于运算符的分裂和替换，我们讨论 IBM 的 System/360 设计和随后出现的"插件兼容外设"（PCP）（《设计规则》第 1 卷第 10 章和第 14 章）；同时引述了 20 世纪 90 年代升阳公司对技术工作站设计的分解（第 11 章）。对于运算符的排除（excluding），我们探讨数字设备公司（DEC）的计算机架构，它曾经是世界第二大计算机系统制造商（第 12 章）。[①] 对于运算符的扩增（augumenting），我们不仅分析数字设备公司的小型机策略，还阐释了第一个电子表格程序 VisiCalc 的案例。VisiCalc 的功能推动了早期的个人计算机需求增长，但连续几轮替换之后，VisiCalc 被 Lotus1 − 2 − 3、Borland 软件公司的 Quattro Pro 以及 Microsoft Excel 取代（第 12 章）。最后，对于运算符的反转（inversion）和移植（porting），我们呈现了 Unix 和 C 语言的例子；它们分别是第一个可移植的操作系统和语言，专门用于编写代码（第 13 章）。

通过叙述模块化如何在计算机设计中出现，并记录模块化架构实现的运算符移动，我们回顾了 20 世纪 70 年代计算机设计的历史。我们相信，了解其设

---

① 1998 年，DEC 被康柏公司收购，康柏公司又于 2002 年被惠普收购。

计历史，有助于更好地理解 70 年代这个行业发生的巨大结构性变化。1970—1980 年，大型计算机产业从 IBM 主导的高度集中和垂直整合的寡头垄断，转变为独立公司的更加分散和垂直分解的模块化集群，并由管理各自系统的设计规则连接在一起。

1980 年，模块化集群的市场价值超越了 IBM 的市场价值。因此，用这个年份标识计算机产业新秩序的开始十分简便。升阳公司和阿波罗公司之间的工作站大战，以及个人计算机和操作系统市场上所有错综复杂和饶有趣味的行动与反击，都是新秩序的一环。例子不胜枚举：新的经济活动中心，如硅谷；新的文化体系，如互联网、万维网和电子邮件；经济异常现象，如互联网泡沫和崩溃；通过反垄断和知识产权纠纷建立的新财产规则；新的社会和政治运动，如自由软件运动；乃至新的工程和技术创新理论，如开放标准和开源计划。我们认为，所有这一切都与 1980 年之后出现的新产业秩序紧密相关。

到 1998 年，我们发现，我们研究的产业正处在前所未有的发酵、增长和变革时期。我和金·克拉克不知道该如何处理观察到的极其复杂多变的发展态势。因此，在写到 1980 年的时候，也即 IBM 革命性个人计算机问世的前一年，我们觉得该停下来并思考发生了什么。于是，1998 年 12 月，我们把《设计规则》第 1 卷寄给了出版商，同时决心迅速撰写第 2 卷。

2. 《设计规则》第 1 卷的贡献

《设计规则》第 1 卷有什么独特贡献？它何以与众不同？

我认为第一项贡献是，它提供了一种新方法，以理解和解释复杂人造系统（任何系统）的架构。这是一套全新的理论，基于对系统结构的可观察的客观事实，而不是主观感知。对于"你怎么知道模块的存在？"（我的财务同事喜欢这么问），我们可以回答："这是你必须做的事，这是了解系统是否存在模块以及它们包含什么的方法。"

为了开发基于可观察数据的模块化系统理论，我们必须向读者引介新的工具，尤其是任务和决策之间的依赖关系、设计结构矩阵（DSMs）和设计层次结构。所有这些工具都不是全新的：事实上，相关发明人的名单可以写上好几段，包括伟大的设计理论家，如西蒙（1962，1981）和亚历山大（1964）；出色的实证主义者，如埃平格（Eppinger，1991，1994）；杰出的计算机科学家，如帕尔纳斯（Parnas，1972a，b，1985，2001）、贝尔和纽维尔（Bell and Newell，

1971）、米德和康威（1980）；以及鲜为人知的马普尔斯（Marples，1961）和斯图尔德（Steward，1981）等。但是，据我们所知，还没有人将这些工具结合起来，并用它们来确定真实系统中的模块化程度和模块边界。有少数学者但几乎没有从业者发现使用这些工具绘制整个系统的好处。

给定一个系统的结构图，人们可以想象它如何改变。这就是"模块化运算符"的作用。借助运算符，技术变革或"演化"，也即熊彼特（1934）所说的"新组合"，不再是一种无定形的过程，而是人们可以通过前后对比图看到和记录的事物。通过运算符实现演化（evolution via operators）是《设计规则》第1卷的第二个贡献。

该书的第三个贡献是将设计结构和演化与实物期权的金融理论联系起来。我们阐明了如何（从理论上）比较两种不同系统架构的价值。人们还可以计算出改进特定模块、在设计的层次结构中上下移动模块，或让模块在多个系统中工作带来的增值（今天，这类模块被称为"跨平台"或"多归属"模块）。

我们的最后一项贡献是，阐释计算机产业结构的历史变迁，它们可以追溯特定计算机系统技术架构中有记载的变化。这一历史变迁就是1965—1980年计算机产业发生的分裂。其技术变革发端于 IBM 的 System/360 模块化，当时该公司决定为它所有的市场创建一套"二进制兼容"处理器。二进制兼容性允许用户不必重写软件就能升级硬件。模块化允许新的"插件兼容外设"在无需 IBM 的许可下连接到 System/360 计算机。1965—1975 年，更大的计算机产业中出现了 12 个新的子产业。到 1980 年，超过 200 家新公司进入该产业：80% 的进入者只做模块而不是整个系统（Baldwin and Clark，2000，第 7—8页、第 376—377 页）。

在论证技术架构变革导致产业结构变化时，我们隐含地假设了系统具有技术和组织"镜像"（mirroring）的特性：

> 组织是有限理性的，因此它们的知识和信息处理结构反映了它们正在设计的产品的内部结构。（Henderson and Clark，1990，第 27 页）

我们不假思索地做出了这个假设；部分原因显然在于"插件兼容外设"制造商将其设备连接到 System/360 处理器的方式。"插件兼容外设"制造商没有把产品连接到模块内部，而是连接到 IBM 为其外围设备设计的连接点上。

凭借对机器的所有权①，IBM 声称拥有这些接口。但是，界面设计实在简单，不能申请专利。因此 IBM 无法阻止附件的连接，只能在事后起诉"插件兼容外设"制造商。（接口状态是几起长期诉讼和反诉讼的主题。这些问题最终的判决大多对 IBM 有利。可是当法律确定下来时，"插件兼容外设"制造商已经在他们的小众市场站稳了脚跟，于是 IBM 的客户理所当然地要求开放接口。）

需要解释的是，并非只有我们做出了镜像假设而没有研究其基础。以威廉姆森（Williamson，1985）为首的交易成本经济学家也曾假设，"技术上可分离的接口"存在于所有生产系统的无数个节点上。只要交易成本足够低，交易（因此也是两家公司之间的边界）就可以在任何一个接口处进行。不少学者还认为，模块化导致了制造互补产品的自主企业网络的兴起（Langlois and Robertson，1992；Garud and Kumaraswamy，1993，1995；Sanchez and Mahoney，1996；Schilling，2000）。

3. 缺陷与空白

遗憾的是，我们的每一项贡献都有一些主要缺陷，这阻碍了我们推广所倡导的分析工具和方法。本节着重论述实践中运用这一理论的障碍。

3.1 模块的客观识别

为此，我们提供的主要工具是所谓的设计结构矩阵，也称为任务结构矩阵（Steward，1981；Eppinger，1991；McCord and Eppinger，1993；Eppinger et al.，1994）。这种方法的主要缺点是成本太高。应用该技术需要编制一个列表，列出设计或制造特定产品所需的所有决策或任务，以及它们之间的依赖关系。在实际系统中，"步骤"列表通常很长，许多列表并不完整。但是，真正的问题在于跟踪任务和决策中的依赖关系。依赖关系一般只有直接参与者知道，而他们可能并不知道自己知道什么。因此，追踪依赖关系往往需要采访参与者，询问"为了采取完成工作所需的行动，你必须获知谁的行动和（或）信息？"。然后，使用这些答案填充方阵（即设计结构矩阵）的非对角单元格。②

---

① IBM 通常保留其设备的所有权，然后将设备租赁给客户。
② 我们选择将每个给定决策或任务输入矩阵的相应行中；随后输入的来源就会出现在列中。不过，研究人员的做法各不相同。

如果这还不够，就要对矩阵进行排序。通过适当的排序，矩阵的主对角线上会呈现离散的决策或任务模块。接着，可以使用系统内的层次结构把离散模块按顺序排列，最依赖的组件将出现在矩阵的顶部。

可惜的是，即使模块存在，一个未排序的矩阵并不必然展示它的模块化结构。有关预期的层次结构和模块化集群的先验信息可以用于初步排序，这或许足以显示模块是否完全分离和（或）按层次排列（Baldwin et al.，2014）。矩阵乘法可以揭示元素之间的联系程度，这一指标有时被称为"传播成本"（MacCormack et al.，2006，2012）。但是，概括性指标并不能反映层次关系或模块边界。

因此，在一个复杂的技术系统中寻找"真正的"模块化结构，既要花费大量的支出，还要承担巨大的风险。支出就是调查任务流程参与者的成本，因为这会分散他们对手头任务的注意力。公司很少能看到了解任务流程带来的好处足以弥补其支出和所受的干扰。风险则在于，被忽视的依赖关系，特别是公司或部门之间形成的依赖关系，可能会导致意外故障、不可预测的行为、延迟、成本超支，在极端情况下，还可能引发系统故障。但是，跟踪依赖关系（可能会随着时间而变化）的费用实在太高，以致大多数公司只是让其系统"自然"生长，坐等其内在的依赖关系以错误、漏洞或瓶颈的形式"自行暴露"（Kim et al.，2014；Goldratt and Cox，2016）。

设计结构矩阵的最后一个缺陷是，必须存在一个正在运行的任务流程，才能追踪依赖关系。在没有详细设计或工作原型的系统中，无法跟踪物质、能量和信息的转移。事实上，电子设计自动化（EDA）和其他计算机辅助设计方法的好处之一是，它们都能揭示和限制潜在的依赖渠道。但设计编码本身需要建立系统及其组件的先验心理模型，了解组件如何协同工作以提供系统层面的价值（Bucciarelli，1994）。新技术的发明者通常很难交流自己"看到"的东西，也不会自然地将他们的思维模型转化成设计结构矩阵。

3.2　通过运算符实现设计演化

最初，我对模块化运算符寄予厚望。我曾设想，现实系统的设计者分析他们的模块化结构，然后说："我们要拆分这组组件，替换这里、这里和这里；我们用这些功能扩充系统并排除其他功能；这个功能可以反转为其他组件的公共资源；可以为这个模块指定新的接口，允许它应用于不同的系统中。"我们还不遗余力找到了每个运算符对应的实例，并为每个潜在变化的金融期权净值提供了公式。

这些运算符和公式很少在实践中使用。[①] 它们催生了一套极富魅力的理论，阐明系统结构的任何变化都可以用有限系列的"一步"修改来表示。但最终，这些概念没能契合任何真实的认知过程，也没有解决任何感知到的需求。实际上，它们将复杂的认知和沟通过程简化为一系列线性步骤，每个步骤都有一个"值"。现在我认为，人类会更全面地处理复杂系统，并将变化视为"涌现"的，而不是将它们视为一系列渐进的"移动"。人类非常清楚技术系统的互补性，因此，直观的"捆绑"修改在认知上既吸引人又有效率。互补性还意味着"一步移动存在明确定义的值"很值得怀疑，因为如果不移动 B，那么移动 A 可能毫无价值（Milgrom and Roberts，1990，1994，1995）。

然而讽刺的是，与运算符极其接近的概念经常被用于制定在更大生态系统中提供产品的策略（Holgersson et al.，2022）。譬如，产品的"商品化"就相当于多重替换（Christensen and Raynor，2003）。创建"跨平台"或"多归属"产品需要移植。"平台"产品为不同类型的用户提供集中的通用功能，因此是反转的例子。可尽管有这些例子，作为统领性设计演化理论的元素，模块化运算符还是失败了。

但是，《设计规则》第 1 卷的六个模块运算符在整体论证中发挥了重要作用，只不过并非我期望的那样。系统地研究运算符的实例，并将模块化和期权价值的概念应用到每个例子中，促使我们将目光从 IBM 的 System/360 转向了其他系统和公司。虽然我们的工具过于形式化且有些不切实际，但这些例子提供了广泛的实证基础。我们证明，我们的理论可以应用于升阳公司和数字设备公司构建的硬件系统、VisiCalc 之类的"杀手级应用程序"、Unix 等操作系统以及 C 语言这样的计算机语言。

反过来，这些实证研究让我们在计算机科学家、硬件和软件工程师（有时包括我们所讨论系统的架构师和设计师）中赢得了信誉。他们对基本论点的兴趣和认可，证明本书值得一读。一些人事先审阅了我们的分析，还有一些人在作品出版后阅读了相关章节。我们发现，我们的分析与他们的经历大体相符。不少人很高兴看到来自陌生领域（管理学）的学者尝试用经济学和金融

---

① Woodard et al.（2013）是个例外。

学语言解释他们关注的问题和决策。最后，虽然运算符不是主要的理论贡献，但为我们组织实证分析提供了一个框架，增强了论点的可信度。运算符形同精巧的脚手架，哪怕最后可能会被丢弃。

3.3　运用实物期权理论进行估值——难以捉摸的西格玛

我们最根本的贡献在于将实物期权的金融理论应用于复杂设计的变化，特别是模块化。运用期权理论使我们能够形式化地论证模块化增加系统价值的条件，并在特定的假设下，量化将计算机系统拆分成可按不同方式组合和升级的模块的价值。例如，使用基于 System/360 的思想实验，我们证明，模块化系统的价值比可比集成系统①的价值高 25 倍（！）或更多。这就是"模块化的力量"。在合理假设下，集成系统在激烈的竞争中毫无胜算。

不过，和我们的其他贡献一样，将理论转化为实践也存在问题。评估某个选项需要知道每个模块未来结果的概率分布，以及维持现状的价值。为了实现可追溯性，我们必须假设端点值呈正态分布。这意味着只能用两个参数来描述分布：（1）平均值，可以设置为零而不失一般性；（2）标准差 σ，也被称为波动率或"西格玛"。

给定正态分布，集成系统的西格玛是每个模块的西格玛的简单函数。② 模块化系统的价值将取决于模块的数量、每个模块端点分布的西格玛，以及为每个模块生成的实验性选项的数量。最优实验数量是一个内生变量，取决于模块的西格玛和每次实验的成本。每次实验的西格玛和成本都可能因模块而异；因此，模块化系统未必是对称的。

估算西格玛是问题所在。人们主要通过查看股票或其他交易资产价格的过去波动来评估金融期权价值。③ 然而，对于大多数设计和技术，并没有交易资产可以揭示过去的西格玛，更不用说揭示未来。不过，严肃的从业者经常会问："我们从哪里获取西格玛？"

---

① "可比"表示"结果的基本分布相同"。

② $\sigma_{\text{集成系统}} = \left(\sigma^2_{\text{模块}1} + \cdots + \sigma^2_{\text{模块 N}} \right)^{1/2}$。

③ 基于先前数据的估算可能存在问题，因为该理论指定了期权有效期内占优势的西格玛。如果资产定价分布不是固定的，那么使用基于先前数据的估算将会错误地定价期权。今天，大量资源被投于改进西格玛和其他分布参数的评估，并用来开发基于期权的策略以期预测未来的波动性。

这个问题一针见血，却没人能够回答。与投入适当的数据收集工作来研究不同产品领域的西格玛相比，观察设计结构矩阵的成本微不足道。即使可以找到资源，定义足够同质的设计组从而形成有意义的概率分布似乎也不太可能。

直到《设计规则》第 1 卷出版了一段时间，从业者开始尝试使用我们的方法之后，我才意识到我们无法估算西格玛。15 年来，我一直回避这个问题，希望能找到简单快捷的解决办法，奈何没有成功。

3.4 镜像的局限性

在那 15 年（2000—2015 年）里，三种新型组织相继兴起并惊人地发展。较之构成 1900—2000 年经济支柱的大型跨部门公司，这些新组织，即平台、生态系统和开源社区，更加分散和网络化。新的组织形式让学者和从业者惊讶万分（Grove，1996）；它们很快成为学术研究的对象。[1] 功能强大的个人计算机和服务器乃至廉价的互联网通信，都是这些新组织的共同核心，但除此之外，它们超越了当时流行的管理、经济和创新理论。

从一开始我就很清楚，模块化是这些新型组织的基础：模块化的技术架构允许组织形式更加分散。但这种镜像背后的理论没有得到很好的理解，更没有被广泛接受。我们在《设计规则》第 1 卷中提出的证据，即 System/360 模块化拆解了计算机产业，其实是基于单一样本的"倒果为因式谬误"（post hoc ergo propter hoc）理论。

这一论点也暗含了技术决定论的危险影响。技术决定论认为技术引发社会变革，包括组织结构的改变。在 20 世纪后期，这个理论遭到了广泛质疑。许多研究表明，技术主要沿着用户决定的路线发展，也就是说，它们是由"社会构建的"。此外，技术"需要"常常被错误地用来证明大规模生产工厂实施过度控制以及公司管理者和所有者胁迫和剥削工人的合理性。[2]

我认为，对镜像假说的"倒果为因式谬误"和"单一样本"的批评很公允。但是，认为特定技术不会影响或约束组织的想法太过偏激，显得愚不可

---

[1] 例如，Gawer and Cusumano（2002），von Hippel and von Krogh（2003），von Krogh and von Hippel（2006），Adner and Kapoor（2010），Gulati et al.（2012），Puranam et al.（2014）。

[2] 参见 Noble（1979，1984）；Bluestone and Harrison（1982）；Pinch and Bijker（1984）；Piore and Sabel（1984）；Hughes（1987，1993）；Orlikowski（1992）；MacKenzie and Wajcman（1999）；Leonardi and Barley（2008，2010）；MacKenzie（2012）。

及。金·克拉克与同事们①的合作研究详细探讨了组织如何更有效地运用技术，以及成功地"做得对"或未能"做得对"的程度。此外我认为，可以使用《设计规则》第 1 卷中的工具解释（模块的）技术边界和（企业的）组织边界之间的对应关系。管理者通过产品设计和采购决策来确定其公司的边界，即公司会做什么和不做什么（Porter，1996）。边界则以独立代理人之间的交易为标志。那么，什么样的管理者会将交易或边界置于紧密互联的模块之中？

管理者的确经常这么做。在《设计规则》第 1 卷出版后的最初几年，不少创新和战略学者开始提出严格镜像的例外证据：模块边界和组织边界没有明确界定，但参与者并未遭受效率或价值损失。一个典型的例子是有一对买方和卖方，其中，参与者自由交流信息，合作设计零件并分享收益。在所有这类例子中，镜像显然不是自然法则，甚至都不算一个普遍的好想法。它只是一种常见模式，是成本与收益之间潜在的、未被观察到的平衡结果。

在《设计规则》第 1 卷中，我和克拉克认为，随着技术变迁，企业边界可能会改变从而实现更好的镜像，其结果将是产业结构发生明显的变化。我们没有证明这个猜想，也没有解释何时或者为何会出现这种模式。但是，如果模块化概念与大量涌现的关于新组织形式的研究相关，那么我们就必须尽快弥补这一空白。

4. 《设计规则》第 1 卷如何影响第 2 卷

2016 年我开始撰写《设计规则》第 2 卷时，并没有意识到上文所述的缺陷和空白。相反，我越发坚信，技术和组织之间的关系未曾得到技术或组织研究者的足够重视。新的分布式组织，如生产互补产品的公司生态系统、连接大量不同群体的平台和开源社区，似乎与数字技术的传播有关，但潜在的因果关系尚不明了。经济学家、组织理论家和管理学大师正在构建大量新理论，但他们通常以肤浅的方式对待技术。此外，在解释更大的计算机产业中发生的事件时，一群学者看到了"生态系统"，另一群学者看到了"平台"，还有一群学者看到了"社区"。可"所有这些"都不能令人满意地说明整体情况。

这些令人激动的日常事件背后还隐藏着一个重大的历史谜题。在过去一百

---

① William Abernathy、Robert Hayes、Steven Wheelwright、Rebecca Henderson and Taka Fujimoto.

年的大部分时间里，纵向一体化的大型跨部门公司一直主导着全球经济（Schumpeter，1942；Drucker，1946，1993；Galbraith，1967；Servan-Schreiber，1968；Chandler，1977，1990）。到 20 世纪八九十年代，这些公司依然是战略和组织行为学的学术研究重心，而小型创业公司也希望成长为能上市的产业巨头（Grove，1996）。

然而，在股东价值最大化的旗号下，许多大公司被拆分成更小、更集中的企业，这些企业希望通过债券融资而不是成为上市企业。究竟是什么发生了变化？为什么组织一度因其规模、运作能力和内部管理系统而备受推崇，如今却被认为是低效和臃肿的官僚机构，尚未为 21 世纪做好准备（Jensen，1986，1993）？

因此，我简短地列出了组织上发生的"惊人"变化（生态系统、平台、开源社区），并确定了单一目标，以此开始著述《设计规则》第 2 卷。本卷的目的是解释技术如何塑造组织，特别是特定的技术如何设定无法回避的要求，从而奖励不同形式的组织。这一解释必须解决上述历史谜题的两个方面：首先是所谓现代公司的崛起及其在 20 世纪大部分时间里的主导地位；然后是最近的分布式组织，包括生态系统、平台和开源社区令人惊讶的成功。

我没打算纠正第 1 卷的缺陷。不过，上文论述的缺陷和空白一直困扰着我。所以当阅读第 2 卷的章节草稿以便撰写本文时，我惊讶地发现我已经尽力解决了每一个缺陷，填补了每一处空白。在本文的最后，我想展望未来，继而解释第 1 卷的缺陷如何影响第 2 卷的内容和主题。

5. 填补空白：第 2 卷的目标

5.1 镜像假说的基础

《设计规则》第 1 卷的主要实证论点是，20 世纪 60 年代计算机设计的变化导致了 70—90 年代计算机产业的拆解。如前所述，这一论点建立在一个极不可靠的基础上，即后来所谓的"镜像假说"。这是我最先想要解决的《设计规则》第 1 卷的四大缺陷之一。首先，必须建立假说背后的理论，以提供更坚实的基础。其次，需要确定假说的实证范围。最后，需要将文献中发现的越来越多的例外情况置入特定背景并给出解释。

我在 2003 年撰写的《交易从何而来？》一文中阐述了这个理论，但该文直到2008年才发表（Baldwin，2008）。随后，我和莱拉·柯尔弗扩展了该理论，并在论文《镜像假说：理论、证据和例外》①中做了实证研究。这两篇文章为技术塑造组织的理论奠定了基础，也是《设计规则》第2卷的核心。在相关研究中，我和艾伦·麦考马克（Alan MacCormack）、约翰·鲁斯纳克（John Rusnak）通过比较公司内部紧密协调团队与分散式开源社区创建的软件系统的相互依赖程度，检验了镜像假说（MacCormack et al.，2012）。

今天我要教给学生的镜像观点，比《设计规则》第1卷首次出版时我自己和其他人的看法要精细得多。首先，实际生产并非像科斯、威廉姆森等经济学家设想的那样按照一系列定义明确的步骤进行。哪怕是在最小的生产组织里，也会有无数的物质、能量和信息一直朝着不同的方向移动。要把每一次移动都变成具有法律效力的交易纯属天方夜谭；倘若有人想这么做，生产本身就会停止。相比以前只关注步骤序列的理论，设计结构矩阵能够更准确地描绘处于真实设计和生产系统核心的任务网络图像。

在这些复杂的任务网络中，网络"稀疏交叉点"处的交易成本最低，这对应于模块的边界。因此，在其他条件相同的情况下，以交易为标志的组织边界最有可能出现在模块的技术边界上，而不是模块内部。技术和组织边界的镜像节约了企业之间的交易成本和企业内部的协调成本。

但是，镜像经济实惠的事实并不代表它总是最优解。譬如，倘若当事方投资额外的协调机制和互惠信任关系，那么交易就有可能落在"密集交叉点"上（Gibbons and Henderson，2012；Volvosky，2022）。镜像的最优程度在不同的情况下可能是不同的，所以镜像往往会"断开"（Cabigiosu and Camuffo，2012；Cabigiosu et al.，2013）。

从实证角度看，镜像是经济中的主要模式，在我和柯尔弗研究的142个案例中，约有三分之二的案例出现了镜像（Colfer and Baldwin，2016）。不过，局部镜像也很常见（并且通常有利可图），而过于严格的镜像则可能适得其反。此外，长期合同和长期人际关系可以让两个或多个自主公司的团队在同一个模块内相互依赖地工作。相反，公司内部的紧密团队可以创建模块化的技术系统，只要他们认为这样做有好处。

改变技术系统模块化边界的新技术，势必能改变各个点上的交易成本。这

---

① Colfer and Baldwin（2016），The Mirroring Hypothesis：Theory，Evidence and Exceptions.

样，在新的稀疏交叉点进行交易将变得可行，继而改变公司之间的组织边界。这正是 IBM 将其 System/360 模块化后发生的事情。IBM 将系统各个组件之间的接口标准化，创建了许多新的稀疏交叉点，第三方制造的设备可以由此连接到 IBM 的设备。随后，IBM 迎来一大批生产插件兼容外设的新进入者（《设计规则》第 1 卷第 14 章）。

5.2　设计结构矩阵的替代方案：功能组件和价值结构图

尽管我需要用设计结构矩阵来阐释交易发生的位置和组织边界，但它们的缺陷始终令我纠结。事实上，它们包含了太多细节，并非一种适用于所有情况的工具。

然后我想到了卡尔·乌尔里希，他在关于产品架构的开创性论文中，根据功能定义了模块化（Ulrich，1995）。在撰写《设计规则》第 1 卷的早期，我和克拉克坚决反对以功能作为我们的理论基础。设计结构矩阵是客观的，而功能是主观的：不同的人对相同的组件或过程可能会感知不同的（或多个）功能。而且功能并不稳定，经常随时间改变。

但渐渐地，我意识到可以使用功能组件来规避设计结构矩阵的不足；在不了解基本设计结构矩阵时，人们可以凭借想象将事物分解为组件，并在头脑中将组件组装成更大的系统（Edelman，1992；Bucciarelli，1994）。在解决具体问题时，人们可以将硬度、重量、形状、颜色、可食用性、流动性等物理属性与特定的事物（包括物体、植物、动物和其他人）联系起来，并思考这些属性如何为他们的目标服务。最后，人们可以感知某种品质的缺失和需求，并运用这种感知来定义具有特定属性的组件，从而服务于设计目的。该组件将成为技术方案的一项投入，它提供的理想属性就是它的功能。

功能组件是人类想象力的产物：它们可能存在也可能不存在于物质世界中。但是，要成为真实物体或工序的一部分，功能组件必须变成真实的存在。在真实系统中，每个功能组件背后都有某种获取它的方法。这种方法本质上是一种技术，其步骤和依赖关系可以通过设计结构矩阵表示。因此，真实系统中的每个功能组件都可以"追溯"到相应的设计结构矩阵，后者指定了任务和决策以及它们之间的关联。

从这个意义上讲，功能组件介于具体的技术方案和该技术方案要实现的最终产品之间。最终产品反过来又必须具有期望价值，否则，我们何必要努力组装各种投入并执行技术方案?①

因此，功能组件是引用现有或潜在设计结构矩阵的一种快捷方式，并不需要实际构建它们。它们可能表示物质投入（成分）或工序（技术）。它们也可能是指模块或某个相互依赖系统的指定部分。不同的设计者还可以选择以不同方式组合功能组件。

为了更切实地阐述这些观点，我们来看看制作蛋糕的技术。做一个蛋糕，一般需要（1）黄油、（2）糖、（3）鸡蛋和（4）面粉；加上（5）打浆、（6）搅拌以及（7）烘焙工序；还有（8）规定了数量和步骤（包括顺序和时间）的制作方法。这些是蛋糕技术的基本组成部分；在蛋糕制作方法中，每一项都有其独特的功能。② 只要掌握了成分、工序和知识，就可以制作蛋糕。如果蛋糕有价值，那么蛋糕制作技术中的每一个组件就都有价值。因此，功能组件是"价值的载体"。

除简单的组件列表外，我还需要找到某种方法来描述系统结构和演变，而无需定义具体行动的序列（我不打算重新启用模块化运算符）。在开始构建我后来所称的价值结构图时，我突然发现，回答关于功能组件的下列问题就能了解我需要知道的大部分事情：组件（1）是必需还是（2）可选择的？

基本组件是不能省略的，否则将会损害整个系统。黄油、糖、鸡蛋和面粉是制作蛋糕的基本原料。③ 因而，蛋糕的价值结构图可以写成：

$$\text{黄油}\square\text{糖}\square\text{鸡蛋}\square\text{面粉}\square\text{打浆}\square\text{搅拌}\square\text{烘焙}\square\text{烹制}\rightarrow\text{蛋糕} \qquad (1)$$

这里，连接符号"□"表示通过某种技术方案实现的基本功能组件的互补组合。缺少了任何一个成分，方案就会失败，蛋糕就做不出来。（不加面粉，可能做成布丁。不加黄油、面粉和蛋黄，可能做成蛋白酥皮。）

可选组件增加了系统的价值，但如果没有这些组件，该项技术仍将发挥作用。在制作蛋糕的工序中，糖霜是可选组件，水果和蜡烛也是。我们不妨用符号"＋"表示一个可选的组合。具有可选糖霜、水果和蜡烛的蛋糕的价值结

---

① 期望价值是指将资源（时间、精力和物质）用于执行技术方案可获得的预期收益。事后实现的价值可以不同于期望价值，甚至可能是负值。给定数值结果的概率分布，期望价值可以简化为一个数字，即平均值或"期望值"。

② 技术方案制作者和蛋糕制作者并不需要"知道"每个组件的确切功能；例如，鸡蛋到底有何作用？制作者只需知道，在技术方案中加入鸡蛋会让蛋糕更好。

③ 更高级的技术方案可以提供基本组件的替代品；比如，用油代替黄油，用糖浆代替糖，用坚果粉代替面粉。

构图可以写成：

$$蛋糕 + ［1 + 糖霜 + 水果 + 蜡烛］\rightarrow 生日蛋糕 \qquad (2)$$

括号里前面的"1"表示蛋糕具有独立的价值，即使没有任何新奇的特性。相比之下，在蛋糕制作工序中，括号内的可选特性只在与蛋糕组合时才有价值。[①] 这个表达式中的每一项都可以扩展为一组不同的基本功能组件，具有各自的成分和工序列表。

也就是说，在基本组件（或组）之间放置符号"□"，在可选组件（或组）之间放置符号"＋"，就可以"映射"任何技术系统的结构。重要的是，可以根据问题选择抽象级别：映射不必包含大量分散注意力的细节。但是，每个组件背后都有一个制作技术方案和一个相应的设计结构矩阵。因此，映射图中的任何组件都可以被"追溯"，从而显示其组件、组件的组件，等等，直至真实状态。

为确定具有战略意义的组件（瓶颈）并显示模块的边界，我进一步扩展了价值结构图。通过扩展，一系列价值结构图可用于描述任何技术系统的演变。

事实证明，功能组件的价值结构映射是一种轻便、通用的方法，可以表征分布在许多组织中的复杂技术系统。这些映射图比设计结构矩阵灵活，也更易于构建，尽管其背后存在设计结构矩阵。在整个《设计规则》第2卷中，我使用价值结构图分析技术系统，并分析技术如何塑造这些系统中的组织。

5.3 不含概率的实物期权

在研究价值结构映射的过程中，我逐渐意识到，定量金融方法在指导真实技术的决策时存在局限性。评估金融技术投资的推荐方法是，预测未来时间段的平均现金流，并以适当的资本成本进行贴现。期权理论采用了基本相同的方法，但对未来现金流和贴现率的估计方式做了调整。

乍一看，预测平均现金流好像要运用概率论。然而，由于没有过去可比事件发生频率的数据，概率分布仅仅是主观臆测。对于新技术，相关数据往往并不存在。

2016年时，我发现自己并非第一个对金融模型和概率测度（probability

---

① 可选组件可用于其他技术方案，因而在那些技术中具有价值。

measures）产生强烈怀疑的金融经济学家。2007—2008 年金融危机期间，英格兰银行行长默文·金（Mervyn King）描述了随着危机时期全球金融市场的流动性枯竭，央行行长们使用的数学模型如何不再可靠。这些模型根据以前的数据进行校准，而那些数据并未反映危机期间发挥作用的因果关联路径。

默文·金将这类情况描述为"极端不确定性"。"极端不确定性是指不确定性超乎想象，以至于无法用一个可以附加概率分布的已知和详尽的结果列表来表征未来"（King，2016，第9页）。①

我认为"极端不确定性"一词完美地描述了导致组织发生"惊人"变化的技术，这些技术是《设计规则》第2卷的重点。事实上在1997年，英特尔首席执行官安迪·格鲁夫（Andy Grove）就为默文·金批评金融模型埋下了伏笔。当被问及英特尔电子商务投资的盈利性时，他答道："我在电子商务上的投资回报率是多少？你疯了吗？这简直是哥伦布和新大陆。他的投资回报率是多少？"（引用格鲁夫在《寻找完美的市场？》中的话，*The Economist*，1997年5月9日）。

换句话说，对形成于互联网之后的新技术和新组织而言，根据数值预测和概率分布判断投资回报率根本是妄想，是"一种思维幻觉或虚构"。②

如何在不依赖定量评估或概率分布的情况下构建一个基于实物期权的严谨理论？（对我来说）第一步是认真对待概率，然后再看看还剩下什么工具可用。

认识到自史前时代以来，人类就一直生活在科技和不确定性中，对我大有帮助。石器、农艺、酒精和医药等人类技术（以及魔法和对超自然存在的献祭），被公认为有利于人类影响未来的不确定事件。相较之下，概率论发明于17世纪，数理经济学发明于19世纪80年代，现代金融学发明于20世纪50年代。人类处理技术和不确定性的历史远远超过了我放弃的工具诞生的历史。

我也可以筛选我弃置的工具。我保留了互补性这一概念，米尔格罗姆和罗

---

① 默文·金的论点基于奈特（Knight, 1921）的早期作品。奈特认为，在"不确定性"下，结果是不可知和无法测量的。"不确定性"不同于"风险"，后者的结果具有可测量的概率分布。今天，由于学者们试图将奈特的论点融入基于主观概率评估的决策理论，"奈特不确定性"的确切定义已经变得模糊不清（Langlois and Cosgel, 1993）。King（2016）、Kay and King（2020）拒绝重新引入概率分布，因此，他们的"极端不确定性"概念比"奈特不确定性"更为明确。

② Merriam-Webster, https：//www. merriam-webster. com/dictionary/chimera.

伯茨（Milgrom and Roberts，1990，1994，1995）对此做了更缜密的解释。我还保留了设计结构矩阵，但使用价值结构图作为方便的简化工具。最后我注意到，不同的技术表现出不同程度的极端不确定性。对于真正的新生技术，如第一代飞行机器或商业互联网，无法想象将来会出现怎样的收入来源或新组织。对于其他技术，如高速机床、集装箱运输或IBM的System/360，如何创造价值是十分清楚的，但如何在不同的潜在利益关系人之间分配价值则不得而知。至于其他情况，例如流水线上机器的故障率，可能有数据，但是对这些情况做出响应将改变基本的频率：换言之，概率分布是内生的和非稳态的。

给定一个价值结构图，有时可以推导出适用所有概率分布（具有有限域）的命题。《设计规则》第1卷"模块化的力量"证明："期权组合"比"组合中的期权"更具价值，这是一个分布不变的数学命题（Merton，1973，定理7）。

如今我确信，对于许多技术，并没有切实可靠的方法估计其概率分布。西格玛依旧难以捉摸。因此，在《设计规则》第2卷中，我提出并证明了对所有（有限域）概率分布来说都成立的命题。这一做法限制了使用正式模型和统计数据的机会，也缩小了我可以论证的范围。但在我看来，在一个极端不确定的世界，这是真正的现实。

6. 结语

《设计规则》第1卷力图结合技术结构理论（当时处于萌芽状态）与金融经济学中的实物期权理论，以此进一步深化对技术和技术变革的理解。金·克拉克参与了一些最早的技术结构研究，他的论点基于克里斯托弗·亚历山大的《形式综合论》（*Notes on the Synthesis of Form*）和赫伯特·西蒙的《复杂性架构》（*Architecture of Complexity*，Abernathy and Clark，1985；Clark，1985；Henderson and Clark，1990）。我引入了金融经济学和实物期权理论的观点。在20世纪90年代，这两个领域之间的缺口巨大。打个比方，就像我们在很深的峡谷上架了一座索桥，却发现（两边）都没有人想通过。对于金融学者和技术与创新管理新领域的学者，根本无法从"交易"中感知到任何好处，尤其是假如"交易"意味着学习一种基于双方所集知识的全新混合语言。

搭建桥梁的人不少，包括理查德·朗格卢瓦和保罗·罗伯逊、拉古·加鲁德和阿伦·库马拉斯瓦米、罗恩·桑切斯和乔·马奥尼，以及梅丽莎·席林。

但我们分散在各地，几乎不知道彼此的研究。金·克拉克还非常专注于新"技术运营管理"部门的建设，后来担任了哈佛商学院院长。

《设计规则》第1卷之所以成书，是因为我们需要建立一个理论基础，收集足够的实证证据以说服哪怕是少数人"过桥"。我们怀着希望，但不抱太大的期待。蓦然回首，我和金·克拉克都惊讶于竟有那么多的学者和从业者发现，这本书与他们试图解决的问题息息相关。有时，冒险是有回报的。

（颜超凡 译）

参考文献

Abernathy, W. J. and K. B. Clark (1985), "Innovation: mapping the winds of creative destruction," _Research Policy_, 14 (1), 3 –22.

Adner, R. and R. Kapoor (2010), "Value creation in innovation ecosystems: how the structure of technological interdependence affects firm performance in new technology generations," _Strategic Management Journal_, 31 (3), 306 –333.

Alexander, C. (1964), _Notes on the Synthesis of Form_. Harvard University Press: Cambridge, MA.

Ashby, W. R. (1952), _Design for a Brain_. John Wiley & Sons: Medford, MA.

Baldwin, C. Y. (2008), "Where do transactions come from? Modularity, transactions and the boundaries of firms," _Industrial and Corporate Change_, 17 (1), 155 –195.

Baldwin, C. Y. and K. B. Clark (1997), "Sun wars: competition within a modular cluster," in D. B. Yoffie (ed.), _Competing in the Age of Digital Convergence_. Harvard Business School Press: Boston, MA, pp. 133 –157.

Baldwin, C. Y. and K. B. Clark (2000), _Design Rules, Volume 1, the Power of Modularity_. MIT Press: Cambridge, MA.

Baldwin, C. Y., A. D. MacCormack and J. Rusnak (2014), "Hidden structure: using network methods to map product architecture," _Research Policy_, 43 (8), 1381 –1397.

Baldwin, C. Y. and J. Soll (1990), "Sun Microsystems—1987 (A), (B), (C)," Harvard Business School Publishing: Boston, MA.

Bell, C. G. and A. Newell (1971), _Computer Structures: Readings and Examples_. McGraw-Hill: New York, NY.

Bluestone, B. and B. Harrison (1982), _The Deindustrialization of America_. Basic Books: New York, NY.

Bucciarelli, L. L. (1994), _Designing Engineers_. MIT Press: Cambridge MA.

Burks, A. W., H. H. Goldstine and J. von Neumann (1946), "Preliminary discussion of the logical design of an electronic computing instrument," Bell, C. G. and A. Newell (eds), (1971) _Computer Structures: Readings and Examples_. pp. 92 –119.

Cabigiosu, A. and A. Camuffo (2012), "Beyond the 'mirroring' hypothesis: product modularity and interorganizational relations in the air conditioning industry," _Organization Science_, 23 (3), 686 –703.

Cabigiosu, A., F. Zirpoli and A. Camuffo (2013), "Modularity, interfaces definition and the integration of external sources of innovation in the automotive industry," _Research Policy_, 42 (3), 662 –675.

Chandler, A. D. (1977), *The Visible Hand: The Managerial Revolution in American Business*. Harvard University Press: Cambridge, MA.

Chandler, A. D. (1990), *Scale and Scope: The Dynamics of Industrial Capitalism*. Harvard University Press: Cambridge, MA.

Christensen, C. M. and M. E. Raynor (2003), *The Innovator's Solution: Creating and Sustaining Successful Growth*. Harvard Business School Press: Boston.

Clark, K. B. (1985), "The interaction of design hierarchies and market concepts in technological evolution," *Research Policy*, 14 (5), 235 – 251.

Colfer, L. J. and C. Y. Baldwin (2016), "The mirroring hypothesis: theory, evidence, and exceptions," *Industrial and Corporate Change*, 25 (5), 709 – 738.

Drucker, P. F. (1946; 1993), *Concept of the Corporation*. Transaction Publishers: London

Edelman, G. M. (1992), *Bright Air, Brilliant Fire: On the Matter of the Mind*. Basic books: New York, NY.

Eppinger, S. D. (1991), "Model-based approaches to managing concurrent engineering," *Journal of Engineering Design*, 2 (4), 283 – 290.

Eppinger, S. D. , D. E. Whitney, R. P. Smith and D. A. Gebala (1994), "A model-based method for organizing tasks in product development," *Research in Engineering Design*, 6 (1), 1 – 13.

Galbraith, J. K. (1967), *The New Industrial State*. Houghton Mifflin: Boston.

Garud, R. and A. Kumaraswamy (1993), "Changing competitive dynamics in network industries: an exploration of Sun Microsystems' open systems strategy," *Strategic Management Journal*, 14 (5), 351 – 369.

Garud, R. and A. Kumaraswamy (1995), "Technological and organizational designs to achieve economies of substitution," *Strategic Management Journal*, 17, 63 – 76. Reprinted in Managing in the Modular Age: Architectures, Networks, and Organizations. G. Raghu, A. Kumaraswamy, and R. N. Langlois (eds), Blackwell, Oxford/Malden, MA.

Gawer, A. and M. A. Cusumano (2002), *Platform Leadership: How Intel, Microsoft and Cisco Drive Industry Innovation*. Harvard Business School Press: Boston, MA.

Gibbons, R. and R. Henderson (2012), "Relational contracts and organizational capabilities," *Organization Science*, 23 (5), 1350 – 1364.

Goldratt, E. M. and J. Cox (2016), *The Goal: A Process of Ongoing Improvement*. Routledge: Milton Park, UK.

Grove, A. S. (1996), *Only the Paranoid Survive*. Doubleday: New York.

Gulati, R. , P. Puranam and M. Tushman (2012), "Meta-organization design: rethinking design in interorganizational and community contexts," *Strategic Management Journal*, 33 (6), 571 – 586.

Henderson, R. M. and K. B. Clark (1990), "Generational innovation: the reconfiguration of existing systems and the failure of established firms," *Administrative Science Quarterly*, 35 (1), 9 – 30.

Holgersson, M. , C. Y. Baldwin, H. Chesbrough and M. L. A. M. Bogers (2022), "The Forces of Ecosystem Evolution," *California Management Review*, 64 (3), 5 – 23.

Holland, J. H. (1992), *Adaptation in Natural and Artificial Systems: An Introductory Analysis with Applications to Biology, Control and Artificial Intelligence*, 2nd edn. MIT Press: Cambridge, MA.

Holland, J. H. (1996), *Hidden Order: How Adaptation Builds Complexity*. Addison-Wesley Publishing Company: Reading, MA.

Hughes, T. P. (1987), "The evolution of large technological systems," in W. E. Bijker, T. P. Hughes and T. Pinch (eds), *The Social Construction of Technological Systems: New Directions in the Sociology and Histo-*

ry of Technology. MIT Press: Cambridge, MA, pp. 51 – 82.

Hughes, T. P. (1993), *Networks of Power: Electrification in Western Society, 1880 – 1930*. Johns Hopkins University Press: Baltimore, MD.

Jensen, M. C. (1986), "Agency costs of free cash flow, corporate finance, and takeovers," *The American economic review*, 76 (2), 323 – 329.

Jensen, M. C. (1993), "The modern industrial revolution, exit, and the failure of internal control systems," *The Journal of Finance*, 48 (3), 831 – 880.

Kay, J. and M. King (2020), *Radical Uncertainty: Decision-Making beyond the Numbers*. WW Norton & Company: New York, NY.

Kim, G., K. Behr and K. Spafford (2014), *The Phoenix Project: A Novel about IT, DevOps, and Helping Your Business Win*. IT Revolution.

King, M. (2016), *The End of Alchemy: Money, Banking, and the Future of the Global Economy*. WW Norton & Company: New York, NY.

Knight, F. H. (1921), *Risk, Uncertainty and Profit*. Houghton Mifflin: Boston, MA.

Langlois, R. N. and M. M. Cosgel (1993), "Frank Knight on risk, uncertainty, and the firm: a new interpretation," *Economic Inquiry*, 31 (3), 456 – 465.

Langlois, R. N. and P. L. Robertson (1992), "Networks and innovation in a modular system: lessons from the microcomputer and stereo component industries," *Research Policy*, 21 (4), 297 – 313. Reprinted in Managing in the Modular Age: Architectures, Networks, and Organizations. G. Raghu, A. Kumaraswamy, and R. N. Langlois (eds), Blackwell, Oxford/Malden, MA.

Leonardi, P. M. and S. R. Barley (2008), "Materiality and change: challenges to building better theory about technology and organizing," *Information and Organization*, 18 (3), 159 – 176.

Leonardi, P. M. and S. R. Barley (2010), "What's under construction here? Social action, materiality, and power in constructivist studies of technology and organizing," *Academy of Management Annals*, 4 (1), 1 – 51.

MacCormack, A., C. Baldwin and J. Rusnak (2012), "Exploring the duality between product and organizational architectures: a test of the "mirroring" hypothesis," *Research Policy*, 41 (8), 1309 – 1324.

MacCormack, A., J. Rusnak and C. Baldwin (2006), "Exploring the structure of complex software designs: an empirical study of open source and proprietary code," *Management Science*, 52 (7), 1015 – 1030.

MacKenzie, D. (2012), "Missile accuracy: a case study in the social processes of technological change," in W. E. Bijker, T. P. Hughes and T. J. Pinch (eds), *The Social Construction of Technological Systems: New Directions in the Sociology and History of Technology*. MIT Press: Cambridge, MA, pp. 189 – 216.

MacKenzie, D. and J. Wajcman (1999), *The Social Shaping of Technology*. Open University Press: MiltonKeynes, UK.

Marples, D. (1961), "The decisions of engineering design," *IEEE Transactions of Engineering Management*, 2, 55 – 71.

McCord, K. R. and S. D. Eppinger (1993). "Managing the iteration problem in concurrent engineering," *MIT Working Paper 3594 – 93 – MSA*, Massachusetts Institute of Technology (August).

Mead, C. and L. Conway (1980), *Introduction to VLSI Systems*. Addison-Wesley: Reading, MA.

Merton, R. C. (1973), "Theory of rational option pricing," *Bell Journal of Economics and Management Science*, 4 (Spring), 141 – 183. Reprinted in Continuous Time Finance, Basil Blackwell, Oxford, UK, 1990.

Milgrom, P. and J. Roberts (1990), "The economics of manufacturing: technology, strategy and organization," *American Economic Review*, 80 (3), 511 – 528.

Milgrom, P. and J. Roberts (1994), "Complementarities and systems: understanding Japanese economic organization," *Estudios Economicos*, 9 (1), 3 –42.

Milgrom, P. and J. Roberts (1995), "Complementarities and fit strategy, structure, and organizational change in manufacturing," *Journal of Accounting and Economics*, 19 (2), 179 –208.

Noble, D. F. (1979), *America by Design: Science, Technology, and the Rise of Corporate Capitalism*. Oxford University Press: USA.

Noble, D. F. (1984), *Forces of Production: A Social History of Industrial Automation*. Oxford University Press: Oxford.

Orlikowski, W. J. (1992), "The duality of technology: rethinking the concept of technology in organizations," *Organization Science*, 3 (3), 398 –427.

Parnas, D. L. (1972a), "A technique for software module specification with examples," *Communications of the ACM*, 15 (5), 330 –336.

Parnas, D. L. (1972b), "On the criteria to be used in decomposing systems into modules," *Communications of the ACM*, 15 (12), 1053 – 1058. Reprinted in Hoffman and Weiss (eds) *Software Fundamentals: Collected Papers of David Parnas*, Boston MA: Addison-Wesley.

Parnas, D. L. (2001) *Software Fundamentals: Collected Papers by David L. Parnas*, D. M. Hoffman and D. M. Weiss (ed.), Addison-Wesley: Boston, MA.

Parnas, D. L., P. C. Clements and D. M. Weiss (1985), "The modular structure of complex systems," *IEEE Transactions on Software Engineering*, SE – 11 (3), 259 –266.

Pinch, T. J. and W. E. Bijker (1984), "The social construction of facts and artefacts: or how the sociology of science and the sociology of technology might benefit each other," *Social Studies of Science*, 14 (3), 399 –441.

Piore, M. J. and C. F. Sabel (1984), *The Second Industrial Divide: Possibilities for Prosperity*, Vol. 4. Basic books: New York.

Porter, M. E. (1996), "What is strategy?" *Harvard Business Review*, 74 (6), 61 –78.

Puranam, P., O. Alexy and M. Reitzig (2014), "What's 'new' about new forms of organizing?" *Academy of Management Review*, 39 (2), 162 –180.

Sanchez, R. A. and J. T. Mahoney (1996), "Modularity, flexibility and knowledge management in product and organizational design," *Strategic Management Journal*, 17 (S2), 63 – 76. Reprinted in Managing in the Modular Age: Architectures, Networks, and Organizations. G. Raghu, A. Kumaraswamy, and R. N. Langlois (eds), Blackwell, Oxford/Malden, MA.

Schilling, M. A. (2000), "Toward a general systems theory and its application to interfirm product modu – larity," *Academy of Management Review*, 25 (2), 312 –334. Reprinted in Managing in the Modular Age: Architectures, Networks, and Organizations. G. Raghu, A. Kumaraswamy, and R. N. Langlois (eds), Blackwell, Oxford/Malden, MA.

Schumpeter, J. A. (1934), *The Theory of Economic Development*. Harvard University Press: Cambridge, MA.

Schumpeter, J. A. (1942), *Capitalism, Socialism, and Democracy*. Harper & Brothers: New York.

Servan-Schreiber, J. J. (1968), *The American Challenge*. Atheneum: New York.

Simon, H. A. (1962), "The architecture of complexity," *Proceedings of the American Philosophical Society*, 106, 467 –482. Reprinted in Simon (1981) The Sciences of the Artificial, 2nd edn. MIT Press, Cambridge, MA, 193 –229.

Simon, H. A. (1981), *The Sciences of the Artificial*, 2nd edn. MIT Press: Cambridge, MA.

Steward, D. V. (1981), "The design structure system: a method for managing the design of complex systems," *IEEE Transactions on Engineering Management*, EM –28 (3), 71 –74.

Ulrich, K. (1995), "The role of product architecture in the manufacturing firm," *Research Policy*, 24 (3), 419 – 440. Reprinted in Managing in the Modular Age: Architectures, Networks, and Organizations. G. Raghu, A. Kumaraswamy, and R. N. Langlois (eds), Blackwell, Oxford/Malden, MA.

Volvosky, H. (2022), "Collaborating at the tower of babel: the meaning of cooperation and the foundations of long – term exchange," manuscript (May, 2022).

Von Hippel, E. and G. von Krogh (2003), "Open source software and the 'private collective' innovation model: issues for organization science," *Organization Science*, 14 (2), 209 – 223.

Von Krogh, G. and E. von Hippel (2006), "The promise of research on open source software," *Management Science*, 52 (7), 975 – 983.

Williamson, O. E. (1985), *The Economic Institutions of Capitalism.* Free Press: New York, NY.

Woodard, C. J., N. Ramasubbu, F. T. Tschang and V. Sambamurthy (2013), "Design capital and design moves: the logic of digital business strategy," *MIS Quarterly*, 37 (2), 537 – 564.

比较之窗

Comparative Studies

美国税制何以失衡？

以增值税为线索

朱恒鹏　孙梦婷

引言

作为国家治理的基石，财政的重要性不言而喻。其中，税收制度更勾勒出国家–社会关系的核心本质，社会秩序依赖于国家，国家则依赖国民纳税。税收作为一种社会契约，将国家与个人之间的义务正式化（Anderson，1983）。国家向国民征税，表明政府承诺集中部分资源提供公共品（Webber and Wildavsky，1986），以及通过再分配建立福利共享机制。历史背景、国家需求以及不同群体利益之调整变化，最终将体现在财税制度变革中。随着近三十年来多学科之间的发展、交流与融合，学界越来越意识到财税体制对现代社会的意义，并对财政税收及其对福利制度的影响进行了颇具价值的理论与实证研究。①

---

*　朱恒鹏系中国社会科学院经济研究所研究员，中国社会科学院大学经济学院教授；孙梦婷系清华大学公共管理学院博士研究生，中国社会科学院公共政策研究中心研究助理。本文系中国社会科学院创新工程重大科研规划项目"国家治理体系与治理能力现代化研究"和亚洲发展银行项目"财政体制现代化视角下的公共服务与社会保障制度改革"的阶段性研究成果。
①　例如高培勇（2014）、黄少安（2018）、刘尚希（2003）、刘守刚（2008）、马骏和温明月（2012）、袁富华和吴湛（2022）、周飞舟（2006）、Avi-Yonah（2000）、Brownlee（1996）、Howard（1997）、Lindert（2004）等。

发展福利国家①离不开国家财政支持，税收制度对福利制度的发展方向具有重要影响（Gould andBaker，2002；Lindert，2004）。在 21 世纪之前，主流的福利国家研究多以斯堪的纳维亚国家为模版，探讨税收累进性与公共福利规模的关系，提出工业化进程催生了保障劳动者利益的福利国家制度。为满足公共福利资金需求以及保障劳动者利益，以累进所得税为主的税收制度也由此建立、巩固，累进所得税与欧洲福利国家扩张相伴而行（陈兆旺，2022；彭华民，2020；周弘，1989，2001）。此类研究往往忽略了自 20 世纪 70 年代开始累退税制度在西欧国家的广泛扩散。70 年代的经济衰退终结了战后二十余年的经济繁荣，财政筹资能力下降使欧洲各国的福利扩张陷入困境，引发了激烈的社会抗议。此前的无心插柳竟为西欧各国提供了走出困境的工具，欧共体为建立统一市场而推广的增值税成为各国政府筹资的利器，使其在经济不振时亦能维持高福利支出（Pierson，2004）。部分学者通过一系列扎实的跨国研究，证实以增值税为代表的累退税与福利国家建设之间的正相关关系，即征收累退税的国家比征收累进性所得税的国家有着更高的税收水平和更普遍的福利供给（Kato，2003；Prasad，2006；Wilensky，1975，2002）。加藤（Kato，2003）强调了增值税引入时机的重要性，提出若一国在经济高速发展时引入增值税、具备了良好的筹资能力，则在经济萧条时也能维持高水平公共福利制度。反之，陷入萧条时一国才欲引入增值税则面临强大的社会阻力，财政增收效果亦大打折扣，维持此前的福利水平已属勉强，继续扩张几无可能。② 林德特（Lindert，2004）特别关注了累退税的经济增长效应，即相比于累进税，具有税收中性特征的增值税扭曲经济的程度更轻，且兼具平衡消费、激励储蓄的效果，形成了累退税、福利国家扩张与经济增长兼容的发展格局，他将这种不损

---

① "福利国家"这个概念看起来是英文 welfare state 的直译，但中文中使用这个概念很容易引起歧义，很多地方用"公共福利（制度）"或"社会福利（制度）"更符合中文的表达习惯。本文正是在这两种含义上使用这一词汇的。

② 学界对于增值税与福利国家之间的因果关系则存在争议。加藤（2003）认为是累退税使得福利国家规模得以增长，反对者则认为是高公共支出的需求（例如福利国家的刚性支出增长）导致了对累退税（主要指消费税和工资税）的依赖（黄少安等，2018；Ganghof，2006；Lindert，2004；Seelkopf et al.，2016），且累退税还具备"对资本的税负较为温和"这一大"优势"（尽管通过对所得税制的协调也能做到这一点）。换言之是支出需要决定了税收结构，而不是税收结构决定支出水平。丹麦、新西兰、韩国和英国的案例即能很好地佐证这一观点（Ganghof，2006）。

害经济增长的福利制度扩张形象地称为"免费的午餐"。

然而，以西欧为参照的税收制度与福利国家关系的研究无法解释美国的情况。美国是发达经济体中迄今唯一没有引入国家（联邦）增值税的国家。其税制之极度复杂、失衡亦为美国各界共识。税制的这些特征深刻影响了美国公共福利制度的发展道路，使其迥异于其他所有发达经济体，是唯一没有全民医保制度、贫困人口占比最高的发达经济体。欲厘清美国福利国家模式之"例外"，须先阐明美国税制之独特。本文采用比较政治经济学理论与财政社会学视角，以历史制度主义为主要分析工具，梳理在大致类似的经济社会发展基础上，美国何以走向和欧洲及日本不同的税收制度；同时揭示当增值税自20世纪60年代起渐次在全球普及后，美国为何在引入这一税种上却一波三折，屡败屡战、屡战屡败。在本文的基础上，下一篇文章将阐释美国独特的福利国家发展道路。

分道：累进税和累退税的选择

按照斯泰因莫（Steinmo，1993）的分析，工业化国家走向现代税制的过程至少可以分为四个阶段。每个阶段都与当时的社会、政治以及经济环境的发展紧密相关。第一个阶段，以1900年前后累进税的引入为标志，反映了政治精英迎合当时正在变化的政治现实，即普选权扩大和对更多社会和经济公平的诉求。第二个阶段主要是一战到二战期间，中间经历了大萧条，见证了所得税向所有社会阶层的大扩张。这次变化是左翼和右翼针对现代国家在社会经济中的作用以及国家财政的基本框架这些问题，不断妥协和相互调适的结果。第三个阶段在20世纪五六十年代，这个时期具有两大显著特征：一是战后持续了二十多年的经济繁荣带来了社会各阶层收入的持续增长；二是战时税制（主要是广税基的所得税）保留了下来，未因战争结束而终止。这两个特征使欧美各国拥有了政治成本不高却自动持续增长的税源来扩张各种公共福利制度。第四个阶段则是20世纪70年代至今，一方面，70年代经济衰退终结了战后经济繁荣，繁荣时期的税制进入萧条期后导致中低收入阶层税负明显加重，而此前快速扩张的公共福利制度形成了刚性财政支出压力，在萧条期，这种压力进一步加大，减税与维持甚至扩张福利支出的矛盾日趋尖锐；另一方面，全球化的发展尤其是资本市场的日趋全球化，对税收政策决策者施加了一组新约束，税制不再是单纯的国内事务。这些变化迫使政治精英重新思考现代税制的基本原则。

美国走向与欧洲各国不同的税制发展路径，正是始自第一个阶段，其特定的国情在这个关键时间段中将美国引向了不同的税制。19 世纪后期快速工业化导致的经济权力迅速集中，导致美国爆发了一系列政治运动，明确要求建立具有再分配功能的税制，运动的支持者由南部农民支持的民主党人和中西部的共和党人组成，这些民粹主义群体希望用所得税替代推高工业品价格的关税（Prasad，2006）①，一方面劫富济贫抑制垄断资本主义，另一方面提高因为机械化从而生产率大幅度提高的美国农业的国际竞争力。于是，在 20 世纪初至一战前，美国形成了由联邦所得税为主体的累进税制。在这个过程中，美国并没有出现担心联邦政府权力集中的政治反对声音，因为此前相对于包括征税权的州政府权力，联邦政府处于弱势（Irwin，2019）。而在同期的法国，工业化水平不足、农业落后，要求控制垄断资本主义的政治呼声以及工农业产品国际竞争力不足，缺乏用所得税替代关税的社会诉求，对国家集权的恐惧又使政治上占据主导地位的农民、小资产阶级等阶层抵制作为有效所得税基础的"财政调查"能力建设，从而使法国只能依靠消费税满足政府筹资需求，形成了延续至今的倚重消费税的混合税制。简言之，1900 年前后西欧和美国对不同现代化进程（工业化水平和中央集权程度两个维度）的抵抗运动的方向差异，造成了延续至今的各国税制差异。

聚焦美国，具体来说，从内战结束到 20 世纪中叶，是美国与欧洲发展道路开始出现分叉的关键阶段。这个时期不断变化的经济和政治压力导致了美国政策环境的变化。在美国特有的环境和制度特征下，税收制度开始发生显著变化。1870 年，美国人均收入已经达到英国的 74%，德国的 128%。彼时的美国得益于国土资源的优渥，新大陆源源不断的移民、农业机械化的普及以及工业发展，工农业经济呈现爆炸性增长，生产效率远高于欧洲任何一个国家，尤其是 1920—1970 年，美国的劳动生产率和人均 GDP 更是远超世界各国（Prasad，2012）。这一时期，美国面对的是完全不同于其他发达国家的发展问题：当欧洲国家都在努力提高生产效率以抗衡美国丰饶的农业及发达的工业对其市场的冲击时，美国面临的挑战却是迅速增长的物质财富的利用与分配问题，以及美国极高的生产效率与市场规模容易导致的价格不稳定问题。最直观的体现就是

---

① 关税是此前联邦政府的主要收入来源。

20 世纪 20 年代的农产品价格大跳水和 30 年代的大萧条（Alston，1983）。以棉花和生猪为代表的农牧产品在取得特大丰收的同时，市场价格却暴跌，导致南方几乎所有农民都陷入生存困境（Snyder，1984）。至少从这个时期开始，与欧洲各国乃至世界所有其他国家都不同的是，美国经济的主要矛盾已不是供给侧问题，而是需求侧问题。一方面南方出产的大量粮食、棉花、生猪等价格暴跌、销售不出去，大量棉花不得不在田间销毁，而生猪直接被大规模抛入河中，南方农民因此无力偿债，丧失抵押品赎回权、濒临破产；另一方面，北方工业城市的工人、市民却因买不起食品、猪肉、衣服而食不果腹、衣不蔽体。美国各界都在讨论"为什么在一个产出如此富饶的土地上，人们仍然忍饥挨冻、无家可归"的问题及其解决之道（Prasad，2012）。

农民及其政治代表首先尝试了建立可能使产品从市场撤出以提高销售价格的农业合作关系（Hoffman and Libecap，1991）。当这一做法无效后，他们转向了政治活动。20 世纪二三十年代，美国政治的一大特征就是以休伊·朗（Huey Pierce Long Jr.）为代表的激进且成功的平民主义者与农业联盟在国会中崛起（艾伦，2019；曼彻斯特，2015；Hansen，1991）。他们宣扬大萧条是"生产过剩"和"购买力不足"共同作用的结果，即财富集中于少数人手中，富人囤积着几乎所有的货币，从而导致大多数人因缺乏购买力而无法购买他们需要的农产品。与此对应的两大政治主张：一是取消金本位制实施银本位制，使货币供应量与经济增长保持一致；二是建立一种累进性税收制度以分散过度集中的财富。此后，农民团体和手握关键选票的农业界政客开展了一系列强有力的农业运动，直接推动出台了一系列农业、税收以及信贷政策，其中最具代表性的是建立了"以累进税为主、拒绝累退税"的税收制度和以信贷为基础的消费型经济路线，这两大制度遗产在 20 世纪 40 年代后被工人团体及其政治集团继承和巩固，最终深刻影响了美国此后近一个世纪的政治经济体制走向（Carney，2010；Clemens，1997；Lipset，1950），公共福利制度的孱弱即为其中极为重要的部分。

在 20 世纪初美国现代国家税收体制形成时，政治上占据优势地位的农民与工人团体一方面不断争取并确保税收会采取累进性所得税的方式，另一方面不断挫败引入累退性国家（联邦）消费税的企图（艾伦，2019；曼彻斯特，2015）。两方面努力交替进行，最终导致了美国税收结构失衡，即成为严重依赖所得税以及 OECD 国家中唯一没有国家消费税（增值税）的国家。消费税是在商品和服务购买发生时征收的税种，增值税（VAT）则是在消费税基础上改良而产生的一种特别种类或者说升级版的消费税，是1954年法国首先创设的。增值税对产品生产过程中每一销售阶段的增值部分征税，然后供应链中的每个买方在销售产品时可拿回其支付的税款，使得最终由消费者承担全部税负。①

南部和中西部的农民团体与东部的工人团体认为不仅要保障自身利益、减少自身税负，还应该把从富人那里征收的税收给予需要共享美国生产效率成果的人。就所得税而言，尽管它很早就因战争筹款之需进入政策制定者的视野，但起初一直维持在很低的税率水平，且纳税人群非常有限。1913年美国国会以法案形式确立了所得税制度，开始向年收入超过3 000美元者征税，但边际税率仅在1%~7%的范围内。美国参加一战后，1917年为战争筹款将所得税最高税率迅速提高到67%，第二年更是提高到77%，战争结束后，1924年所得税最高税率又降为46%，1925年降到25%（Scheve and Stasavage，2016）。大萧条和新政时期，以路易斯安那州州长和参议员休伊·朗为代表的农业利益团体直接推动了《1935年税收法案》的出台（Thorndike，2009）。休伊·朗在当时组织了遍布全美的"共享财富"（Share Our Wealth）俱乐部，承诺推进再分配和累进税。这一法案作为罗斯福"第二次新政"的一部分，进一步确立了对富人适用更高税率的传统，奠定了累进税制的基础（Amenta et al.，1994）。

另一边，一战带来的债务压力同样引起了美国政府对消费税的关注。各国引入增值税多建基于对已有消费税的合理化（中性化）改革上。② 1921年，与其他国家相似，出于偿还战争债务压力，犹他州共和党参议员里德·斯穆特（Reed Smoot）以参议院财政委员会成员的身份向国会提交了联邦消费税法案，该法案得到了总统哈丁和制造业集团、工商企业组织的支持。但这一法案因农民集团的政客代表（民主党和进步的中西部共和党联盟）坚决反对而遭到否决。农民关注的重点不是消费税在增加政府收入方面的巨大潜能（彼时消费

---

① 这是从财务角度讲，供需各方分担税负。

② 欧盟国家于20世纪50年代后大规模引入增值税之前已经具备了国家消费税制度，如德国（1918）、加拿大（1920）、法国（1920）、比利时（1921）、卢森堡（1922）、奥地利（1922/1923）、意大利（1923）、澳大利亚（1930）、荷兰（1933）、挪威（1933）、芬兰（1941）以及瑞士（1941）等。

税强大的征税能力尚未彰显），而是应当由谁承担税负。显然，消费税的引入不仅会增加农民的税负，还会提高消费者和工人将要支付的价格，进而降低农牧产品的销售量（Murnane，2004）。而彼时所得税主要由东北部制造业承担，大部分农民都因经济的地理区划而免缴所得税。因此，中西部、南部和西部的国会议员努力使税负远离他们的选民。1932年，在战争与大萧条带来巨额债务、联邦与地方政府不断增加的支出义务，以及20年代税收减少的多重压力下，美国联邦财政预算出现严重赤字，消费税提案再次被提交至国会。借鉴加拿大征收消费税的经验，众议员提议针对制造业征收1.75%的消费税（Schwarz，1964），但该提案再次遭到农民团体的抵制，以及美国民主党与共和党不约而同的反对。两党的反对理由各不相同，民主党认为消费税的累退性将损害劳工与农民群体的利益，共和党则认为它会成为政府的筹钱机器（money machine），导致政府规模扩大，损害市场自由。国会否决该提案的另一个重要理由是它侵蚀了州政府的税源。联邦消费税提案再次流产。

在此背景下，当二战期间美国政府再次面临筹资需求时，政策制定者直接进入他们最熟悉的所得税路径，建立了一个基于累进所得税模式的税收制度（Thorndike，2009）。《1942年税收法案》引进了一项新的工资税，即"胜利税"（Victory Tax），并得以通过。新税在征收中创新性地采取了工资代扣所得税技术，实现了从源头上征税，大大提升了所得税征收遵从度和管理便捷性。同时，新的工资税降低了所得税起征点，将所得税征收范围扩大到低收入群体，使得全美74%的人口被覆盖，边际税率也提高到23%~94%，个人所得税成为美国联邦政府第一大税源（Barkley，1942）。关于为什么二战期间个人所得税起征点能够显著降低从而大幅度扩大覆盖面即扩大税基，同时边际税率大幅提高，舍维和斯塔萨维格（Scheve and Stasavage，2016）通过系统梳理史料和计量分析给出了很有说服力的解释：所得税和财产税税基的大幅度扩大，及其（累进）税率的大幅度提高，发生在一战和二战两个特殊时期，不仅仅是因为联邦政府急剧增长的财政需求要求扩大财源，也因为这两次世界大战是包括美国在内的所有参战国第一次出现大规模战争动员①，使得彼时欧美各国民众更加接受"补偿原理"这样一种纳税理念。通俗地讲就是，穷人家的孩

---

① 舍维和斯塔萨维格（2016）定义的大规模战争动员是军队人数超过一国总人口的2%。作者指出，1816年之前没有这方面的系统数据，英法两国在拿破仑战争的部分年份这个数据曾超过2%。

子上战场（献身），富人就该多缴税做贡献；年轻人上战场（献身），中老年人（工薪阶层）就该多缴税做贡献。拓展公司所得税税基和提高边际税率也来自这种税收观的普及：年轻人上战场献身，工商企业却因国防订单大发战争财，这样的利润应该缴纳出来做贡献。由此，人类社会第一次出现一战和二战这种程度的大规模战争动员，使这种纳税理念迅速而普遍地被全民接受，进而使更广泛的所得税及财产税税基、更高且累进的所得税税率得以落地。舍维和斯塔萨维格（2016）指出，这一点对欧美日加各国均成立，和欧洲及日本相比，美国并没有特殊性。他们没有论及的是，因为二战中欧洲参战国国内经济遭受了极大破坏，战后为恢复和发展经济、应对美国强大的工农业生产能力对本国市场的冲击，走向了亲资本的增长战略主导型税制结构，提高了亲资本抑消费的消费税（后来的增值税）这一税种的比重，同时降低了公司所得税等工商税占比。在这一点上，美国显然是例外。二战中美国本土经济不仅没有受到破坏，还因之得到高速发展，美国战后的问题和欧日截然不同，不是恢复发展和赶超问题，而是如何消化战争激发的超高产能问题（艾伦，2019；曼彻斯特，2015），亲资本抑消费的消费税不仅没有民意基础，从防止经济陷入萧条的角度也不可选。

至此，美国税收结构的天平显著倒向了所得税。需要注意的是，尽管在20世纪二三十年代农业部门的力量至关重要，但到二战时，随着农民人口比例的下降和工业化的迅猛发展，农业政治力量留下的累进税政治遗产由劳工、消费者和部分少数族裔团体继承。

再探：围绕增值税的政策辩论

"重累进税、轻消费税"的税收制度选择在二战结束到20世纪70年代的经济持续增长时期并未暴露出明显的问题，因为所得税收入的持续增长很好地支撑了美国政府的各项支出，无须开征新税。战后日益繁荣的经济掩盖了普遍上涨的工资中实际税负的增长。纳税人对随工资上涨而自动上涨的税负并不敏感，一方面是因为它没有那么显眼，代扣机制将其掩盖在持续增长的工资中，另一方面是因为这些税收的回报高度可见，即一个快速发展的国家和日益扩大的社会保障（Brownlee，1996）。但是，20世纪70年代萧条来临，繁荣结束。紧缩之下，民众最先感到的就是累进制下所得税和财产税支出的冲击，经济滞胀的出现进一步加重了工薪阶层的税负，引起越来越多的抗议，催生了要求全面减税的政治活动（Steinmo，1993）。此时正值增值税开始全球扩张的时代，该税种自然也进入美国的政策话语中。20世纪60—80年代美国政坛增值税动议不断，结果却在政治上屡屡碰壁。此后也不断被提起，但从未超出"纸上谈兵"的状态。

二战后到20世纪60年代，经济繁荣加温和通胀使美国财政状况一直很好，因此没有政治动力引入新的税种。但60年代后美国深陷越南战争，到1968年良好的财政局面走到尽头。迫于财政赤字压力，时任总统约翰逊要求议会临时加征10%的公司和个人所得税。其后，财政形势日趋恶化，税制改革的压力也随之加大。继任的尼克松总统成立了一个专门委员会来讨论降低工商税负的办法（Brownlee，2016）。财政部建议引入此时欧共体正在推广的增值税。该委员会讨论后，认为引入此税种可以有效降低工商税负，同时提高出口竞争力。但随后的70年代早期，国家财政状况改善，推行这种激进改革的政治需要随之消解。不过这个临时性提议在当时就引起了一些州政府和民主党人士的强烈反对，理由是增值税累退性过于明显。1972年中期发布在《纽约时代周刊》上的盖洛普调查证实了这种政治态势：回答者中51%反对增值税，支持者只有34%（Kato，2003）。

根据福特总统的要求，美国财政部在1977年发布了《基本税制改革规划》，讨论了税制改革一揽子选项。该规划力图推荐一套系统性改革，从而使美国税制"看起来更像是经过精心设计"的，而不是像现行税制那样杂乱。财政部提出了两个概念性选项作为可操作的改革方案的基础：第一个以综合性所得税为基础，第二个则以现金流消费税模式为基础。尽管从未落地，该规划却给出了很多重要启示。首先，该规划清楚地显示出美国财政部对消费税（基）的偏好；其次，可能是为了支持这种偏好，财政部认定美国现行税制已经开始向消费税转换，"从很多角度看，现行税制更接近一个广税基的消费税而非广税基的所得税，从而转型为前一种税制所需的改变要少于后一种"。财政部得出该结论的依据是所得税税收优惠受益者的认定方式、雇主－雇员养老金储蓄税收优惠的处理方式，还有投资税收抵扣、加速折旧以及资本收益税率折扣条款，都起到了豁免投资所得税的效果，这等价于将税基从综合所得转换到消费上，因为用于投资（储蓄）的所得都免征了。第三，尽管明显偏好消费税基，规划中勾勒的消费税模型却不是增值税，而是一个以台账为基础的现金流税，纳税人是个人与家庭而非工商企业（Steinmo，1993）。

在"水门事件"后几年，美国经济状况再次恶化。卡特总统时期不仅出现财政赤字而且出现了严重的通胀，1980 年通胀率甚至高达 13%，以累进所得税为主体的美国税制弊端凸显。工薪阶层因名义工资上升而进入个税更高税率档级，与此同时个税起征额和减免部分因名义额未变，因而其工资的实际购买力下降（Brownlee，2016）。因此工薪阶层实际收入没有增加，税负却加重了，结果自然是实际可支配收入下降。美国财政部起草了一份《1977 年基本税收改革方案》来应对 70 年代的这次危机。该方案的核心目标是显著减少所得税中过于泛滥的税收减免，同时根据通胀调整税率和起征额等税收参数。该方案也提到了引入一种混合的消费税，同时免征所有资本所得税。卡特政府的改革决心很大，但其拓宽所得税税基的企图被国会否决了（Steinmo，1993）。

1979 年，面对此前改革尝试的失败以及不断出现的财政危机，新任众议院筹款委员会主席、民主党众议员乌尔曼（Al Ullman）在参议院财政委员会主席、民主党参议员拉塞尔·朗（Russell B. Long）的支持下，提出了当时被认为是"自二战以来国会认真考虑过的最激进的改革方案"，即《1979 年税收重建法案》。这是一个标准的现代增值税方案：增值税发票 – 纳税抵扣、由销售地纳税、在供应链的所有环节包括零售环节纳税，税率为 10%。该税种年收入估计是 1 300 亿美元，旨在替代部分所得税和工资税。乌尔曼的这个提案未能在众议院通过，后来经过修改才得以于 1980 年进入了众议院。

最初的提案包括一个宽税基增值税，其中针对食品、住房（主要住所的购买或租赁）和医疗费用的税率降低 5 个百分点。这一方案未能获得足够的支持，经过数月的争论加上来自全国的各种意见，乌尔曼重新提出了修订版的增值税提案：对绝大多数食品和非酒精饮料、住宅销售和租赁、医疗服务、公私立免税教育机构、绝大部分慈善和非营利组织的服务、公共交通费用、非零售农渔业销售、利息以及绝大多数提供给政府或者由政府提供的服务，都实施零税率。剔除这些免除的税收后，新提案的年税收降至 1 150 亿美元。最初的提案禁止供应商（直接纳税人）将纳税额单独开列在发票上，这引来批评，认为是故意向实际纳税人即消费者隐瞒税负、放任政府膨胀，因此修改版取消了此禁令。

财政部也在设计自己的增值税方案，对乌尔曼方案心态矛盾。来自工商界和学界的专家各自支持该方案中的不同内容，但普遍不愿为整个方案背书。自由派抱怨其累退性，保守派则担心增值税强有力的筹资能力会导致政府膨胀。

尽管 1980 年实施的一部法案已经明确将联邦支出限定到 GNP 的一个固定比率。增值税支持者及其背后的利益集团的利益也互相冲突，方案反复修改，最终无法让任何一方完全满意，妥协也变得毫无意义。这个雄心勃勃的方案最终失败，乌尔曼为此付出了沉重代价，在随之而来的竞选中落败，政治生涯基本结束。

20 世纪 60—80 年代的增值税改革讨论中呈现出一些重要趋势。首先，政府日趋表现出对消费税的认可。其次，尽管理论上增值税自身具有诸多显著优点①，比如对投资和储蓄比其他税种如所得税更中性，但美国政府官员对能够实际落地的增值税是否具备这些优点持怀疑态度。当考虑到必然会有的税收豁免（比如针对食品和住房等）以及税率调整时，这种怀疑更为明显。简言之，官员们承认广税基、综合单一税率的增值税是中性的，但不相信这种理想模式能落地。政府官员对增值税比零售税更能防范偷漏税的说法同样持怀疑态度，他们对美国国税局（IRS）的行政能力有清晰的认识。他们也不相信增值税能够促进储蓄和投资从而促进经济增长。此外，增值税能否改善国际贸易竞争力取决于用该税种替换现存何种税种以及这一税种的税基。美国和欧洲不同，后者是用增值税替换流转税，流转税肯定是出口必然缴纳的税种，改为增值税后可以出口退税，改善出口；而在美国，增值税可替换的税种有多种，可以是公司所得税，也可以是社保税，这些税种的有效覆盖范围是不确定的。即便能够

---

① 按照增值税支持者的说法，该税种具有以下优点：1. 如果在一个宽税基上课税，增值税不会扭曲储蓄和投资；2. 降低资本和劳动所得税，同时引入增值税，在改进投资和工作激励的同时，可保证税收收入不下降；3. 相比所得税，增值税鼓励储蓄，从而改善了国内的资本形成；4. 增值税可以对服务和有形资产课税，而服务在后工业社会的消费比重日益提高；5. 可以对出口商品实施零增值税，从而改进国际贸易竞争力；6. 和所得税相比，增值税对经济周期不太敏感，因此筹集的税收收入更为稳定（Ebrill et al.，2001）；7. 即便在一个日趋老龄化的社会中，增值税也能产生稳定的税收。概言之，战后繁荣的结束以及由此所致的政策范式转型，导致人们对政府能够和应该如何筹资进行根本性的重新评估。20 世纪 70 年代政策精英之间逐步形成了一个普遍持有的观点，那就是税制设计中更多地考虑市场导向型。正如 Ganghof（2006）指出的，这个时期的税制改革运动堪称教科书式的案例：某些国家和国际组织强烈支持的思想观念在全世界传播。特别地，当许多改革聚焦于拓宽所得税税基、降低所得税税率时，越来越多的人认为宽税基增值税可以实现同样的目标，因此应该成为税收组合的重要组成部分。显然，上述结构性因素侵蚀了战后已有税制的基础，创造了增值税走出欧共体向全世界传播的条件。不过，这种传播绝非不可避免。事实上，OECD 各国税制改革的内容和时间千差万别，这表明各国自身的政策转型机制和政治环境影响这种政策传播的过程。

明辨增值税替换以上税种各自所能带来的收益，从长期看也会因为汇率调整或进出口税的调整而抵消增值税带来的这些收益。此外，由于自身经济规模巨大以及其他独有的经济特征，比如出口占整个经济的规模只有 10% 左右，美国人对增值税优点的看法和国际上通行的看法有所不同。就国际贸易而言，美国人认为由于美国出口占 GDP 比重太小，因此相比对国内消费的影响（导致商品和服务价格上涨从而抑制消费），引入增值税带来的国际收支改善收益太小（James，2015）。最后，这一时期对增值税改革的负面效果也进行了充分讨论，比如它的累退性或者公众感知的累退性，这就使得用它来替代公司所得税在政治上不可行。① 尽管知道可以通过其他比如增加转移支付等方式消除增值税的累退性，同时保留其强大的收入汲取能力，但因为担心增加支出会导致政府规模扩大，很多人更偏好于缩小税基、降低累退性的做法。乌尔曼的修订版方案显著扩大了免税范围，正代表了此类政治动机，但这恰恰消解了增值税的优点。

他途：里根时期的税制改革

20 世纪 80 年代早期，美国国内弥漫着日趋明显的对政府不信任和对公共福利制度的质疑。对政府能力和效率的怀疑加上问题重重的税制，加重了这种社会情绪。由于通胀将中产阶级负担的所得税和财产税税率自动提升到了更高档级，加之所得税税基中泛滥的税收豁免和漏洞恶化了财富分配，美国社会普遍认为这种税制既不公平也不可持续。当通胀引起的财产税增加甚至显著超过了联邦政府的税收收入增加时，这种情绪达到了顶峰（Stone，1989）。在加利福尼亚州于 1978 年援引宪法第 13 号修正案成功地为财产税设定了宪法限定的上限后，减税运动在美国得到了越来越多的政治支持。

战后至 20 世纪 70 年代的经济繁荣，强化了欧美各国有关税收政策的一些共识。尽管各国政策环境和政策工具各不相同，但普遍认为凯恩斯主义福利国家应该使用累进所得税筹资，且资本所得税率要相对高一些，但也存在着大量

---

① 对美国决策者来说，有关增值税优点的评价，当然是基于它可能会替代的现存税种。正如 1979 年美国财政部长在针对乌尔曼增值税提案的听证会上所讲的：增值税自身当然是累退的，但这不是缺点，要看用它替代现存的哪个税种。公司所得税是累进性的，因此如果用增值税替代公司所得税就会降低整个税制的累进性；但是社保税是累退性的，因为它只针对 22 900 美元以下的工资征税且只对劳动所得征税。因此若用增值税替代社保税，就不会明显降低整个税制的累进性（James，2015）。

的税收减免以促进投资。战后这一税收范式具有坚实的理论基础，累进税的再分配效应会刺激总需求，同时针对资本所得的税收减免是一个重要的阶级调和工具，巩固了战后的政治稳定（Steinmo，1993）。最重要的是，战后日益繁荣的经济支撑了凯恩斯主义范式的合法性和与之紧密联系的这一累进税制。

正如斯泰因莫（2003）指出的，有关税收政策的主流思想会随着经济环境及与之相联的政治压力的变化而演变。现实世界中各种因素错综复杂地结合在一起开始逐步瓦解凯恩斯主义共识。20世纪70年代中期出现的滞胀和全球经济衰退提出了一个问题：政府是否有能力主动管理经济？凯恩斯经济管理思想的可信度日益受到质疑，得到强有力的财政金融利益集团支持的政策精英逐步推动新自由主义经济思想成为新的宏观经济理论正统（Hall，1993）。这一新的理论范式被成功地推广形成新的思想观念场域，有关税收政策的辩论也以此为背景（Hallerberg and Basinger，1998）。在20世纪五六十年代，政策制定者认为累进税和税收减免（又被称为"税式支出"）是有效的经济管理工具，以及公共福利制度的低成本筹资工具。伴随70年代经济危机出现的新自由主义经济思想对这一税收政策范式提出了强烈质疑，逐步形成的新共识是，过高的边际税率以及税收减免与投资激励的泛滥扭曲了正常的经济活动，导致70年代的经济困境（Brown，1978）。经济学者和财政学者之间开始形成一种被普遍接受的新公共财政范式，那就是OECD国家的税收体制存在着明显的结构性问题。根据新自由主义理论，应该改革现行税制以促进其走向中性，即应该让市场力量而非税法和政治干预来主导投资和消费模式（Swank et al.，2003）。

20世纪70年代的经济危机不仅导致政策范式的转变，还促使税收专家呼吁走向更加市场导向的税制。经济衰退和随之而来的财政赤字也意味着政府必须进行改革，同时还不能减少财政收入。这样的结构性压力迫使政策制定者必须开拓和扩展新的税源。简言之，70年代的经济条件以及日益自由化和竞争性的国际政治经济形势，创造了一个支持将所得税转向中性消费税包括宽税基增值税的结构性环境。

促成里根革命的最后一个条件就是经济理论范式的上述转变，在美国体现为供给学派的兴起和被普遍接受（Hall，1993）。该理论强调高边际税率对经济增长的抑制效应。高通胀、普遍的抗税运动和新的理论范式等多个因素叠加，为里根总统推行较大幅度的减税创造了条件（Birnbaum and Murray，1987）。在其竞选纲领中，里根抨击了"大政府"，并将大幅度削减所得税作为中心纲领。随后在《1981 年经济复兴税收法案》中大幅度削减所得税，同时加快了促进投资的减税法案。据当时的估计，这些减税总额会高达美国 GNP 的 6%，大部分经济学家包括那些在行政部门工作的经济学家相信这些减税措施短期内会增加财政赤字，但减税带动的经济增长会将财政预算带回到更坚实的基础上（Brownlee，2016）。然而，由于国会否决了里根总统提出的支出削减方案，以及 1984 年生效的《1981 年经济复兴税收法案》中的所得税税率指数化措施，美国 1984 年的财政赤字从占 GDP 的 2.8% 扩大到了 5%（Regan，1988）。

作为里根政府的供给侧减税方案，《1981 年经济复兴税收法案》进一步加速了美国税制向消费税税基的转换。正如美国财政部文件所言：1981 年减税法案代表了对此前税收政策哲学的两种背离，前一种背离明显且有意，第二种则是含蓄的。前一种背离是重新关注边际税率以及税制作为影响经济活动关键因素的激励效应。第二种政策背离则从面向所得征税事实上转向面向消费征税，在工商领域，这一税收转型表现为对投资的加速税收减免；对个人来说，则是各种降低个人储蓄税负法案的出台。《1981 年经济复苏税收法案》通过数月后，联邦收入减少但支出增加产生的财政收支缺口因经济衰退进一步恶化，此后的改革开始集中解决这一问题（James，2015）。

随着财政形势日益严峻，美国税制中的税基缺陷问题日益凸显，但里根及其财政部长里甘（Donald Regan）坚决反对通过开征新税种解决财政赤字。基于里根的政治理念，他反对引入单一税率税（flat tax）、增值税或者人头税这些激进的改革方案，甚至也反对引入消费税来削减所得税（Brownlee，2016）。他的想法是通过消除那数不清的税收豁免和漏洞来扩大所得税税基。如前所述，这些税收豁免已经成为美国税制的关键组成部分。在 1984 年的国情咨文中，里根做了一个公开的承诺："推进历史性改革以建立一个公正、简单和促进经济增长的税收体制。"

随后由财政部负责设计的改革方案力图通过综合性税制改革解决美国的财政问题，这个方案是收入中性的，也就是说既不增税也不减税，不暗含增税条款。财政部起草小组曾经考虑用消费税作为新税基的一部分，这种动议也得到了一些工商业游说者的支持，后者希望投资能够获得税收豁免，财政部起草小组也曾讨论过引入欧洲式增值税的可能，不过支持者自己也认为由于行政成本和转型成本较高，只有在该税种每年能够产生超过 1 000 亿美元税收的条件下才值得引入。时任财政部长里甘否决了这些动议，因为它既违背里根总统不开征新税种的承诺，政治上也很难行得通（Birnbaum and Murray，1987）。

1984 年美国财政部发布了《迈向公平、简化和促进经济增长的税制改革》（以下简称财政部 I 号报告），伴随该报告的发布，最终产生了二战后美国最重大的一次税制改革，即《1986 年税改法案》。尽管这些改革主要面向所得税税基，不过财政部 I 号报告还是详细讨论了增值税。总结而言，这段时期的改革建议中有两个重要趋势：首先，美国财政部在讨论增值税时，认为作为"最适宜"的税种，增值税应该采取国家消费税形式；第二，从财政部 I 号报告发布到《1986 年税改法案》出台，这个时期实际发生的还是一个所得税改革，这也预示了在未来联邦增值税改革还是不可能"拿上台面"。

财政部 I 号报告最终推荐的改革方案是对所得税税基进行综合改革。本质上，财政部的改革方案是以减少和压缩边际税率换取消除大量的税收豁免，进而扩大所得税税基。财政部之所以首选改革所得税税基而不是引入消费税，不仅仅是路径依赖，还因为担忧实施消费税的复杂性和巨大的行政成本及遵从成本。向美国公众推销消费税的困难以及由此引起的税制转型问题，都影响了财政部的选择，使之倾向于维持以所得税作为主要税基。即便如此，所得税改革方案也深受现存税制（联邦和州层面）及改革方案可能的社会及政治冲击的影响。这表明，即便决策者认识到某些改革方案自身的优势，依然还存在必不可少的超越方案自身优劣的考量，正是这些考量影响了最终提出的实际改革方案（James，2015）。美国财政部 I 号报告于 1984 年 11 月发布，经过了两年在立法和行政分支间的政治性讨价还价才提出最终改革方案。按照麦克卢尔（McLure et al.，1987）的说法，改革始于体现为财政部 I 号报告的"概念上具有一致性的方案"，终于一个"大杂烩方案"，即《1986 年税改法案》。

围绕美国《1986 年税改法案》产生的政治运动，影响了 20 世纪 90 年代的美国税制改革轨迹，也清晰展现了美国税制变革的一些显著特征。在这一法案中，减少和压缩边际税率、取消众多的税收豁免以扩大所得税税基，个人所得税税基和税率被大幅度简化，与此同时整个税改总体上是收入中性的。联邦税收占 GDP 的比重由 1986 年的 17.5% 增加到 1990 年的 18%。这次税改的持久性影响是将美国的公共财政重置于一个更安全的基础上，减少了税收收入的波动性，并且恢复了税制在美国公众心目中的合法性。当然，这些成就削弱了包括扩大消费税税基在内的推行进一步改革的政治诉求。这是二战后对美国税制最为重大的一次改革，影响深远，并激发了国际上的类似改革。1986 年改革的成功表明，即便没有重大危机，推行重大税制改革也是可能的。当然，最终落地的改革和最初的改革议案并不一致（James，2015）。此次税改也进一步展现了在美国的政治体制下，完成一次综合性税收改革所需的政治条件，以及证明了美国的政治体制是可以完成根本性税制改革的（Brownlee，2016；Eccleston，2007；Steinmo，1993）。

当然，这种根本性税制改革只有在一系列政治、经济和思想观念因素相互配套、相互支撑下才有可能。首先，对美国税制问题的广泛共识，创造了让政客和广大公众支持改革的环境。这包括如下关键要素：对税收豁免泛滥的共识日益增强、在高通胀背景下现有税制无法公平筹集税收的困境，以及激增的财政赤字对增长前景的负面影响。当然，这些结构性因素仅仅创造了税制改革的机会窗口或外部条件，税改立法得以推进还需要以下条件：立法和行政两个分支领导层的坚定政治支持、政策创新者（政策企业家）能够提出并积极推动连贯一致且清晰易懂的改革方案。正是从这个角度讲，政治领导人和政策创新者构成美国 1986 年税制改革成功的重要因素。改革方案符合里根的竞选承诺以及他的经济思想，这位政治上广受欢迎的总统坚定地支持改革方案。行政部门的政策制定者，最著名的是财政部长里甘、他的继任者贝克（James Baker）以及他们的团队，秉持拓宽税基的理念。还有一个重要因素是 1984 年财政部小组方案在起草阶段有效隔绝了外界的政治干扰，实现了一定程度的行政自主权，这在美国政治体制中是不寻常的。最后，该法案能够顺利通过立法过程，得益于民间对税改压倒性的支持，以及在重要的国会委员会和立法讨论阶段得到了两党的支持。"1986 年，由里根总统和布拉德利（Bill Bradley）参议员共同领导两党政策企业家团队，成功推进了这次税改，此前两党从没有这样合作过"（Brownlee，2016）。总统的领导力和广泛的公众情绪结合在一起，促成了这次税改法案的落地。

暗度：艰难平衡的实用主义改革

里根税改后，20 世纪 80 年代后期和整个 90 年代被普遍认为是美国税收政策的稳定期。老布什和克林顿有效地维持了政策的稳定性。这两位总统均希望改革税制，但联邦赤字、激进甚至有时富有敌意的立法环境、不能增税又要维持已有福利项目的普遍压力交织在一起，限制了政策创新的可能。不过，美国税收史专家布朗利（Brownlee，2016）则将该时期称为"旧体制的复辟期"，指的是一些零敲碎打的税收豁免又出现在税法中的现象。学者詹姆斯（James，2015）表达了同样的意思，她认为《1986年税改法案》的成功持续时间很短，她给出的证据是2005年小布什总统的税改咨询委员会估计，1986—2005年不过二十年，美国税法已经发生了超过15 000次修改。学者彼得斯（Peters，2021）指出，"1986年税改以来，几乎每一个收入条款都引入了新的特殊税收处理，税制又回归到这次改革前那种'圣诞树'模样了"。另一方面，其实在1986年之后，官商学各界均讨论和提出过各种税改方案，其中许多方案都是建议转向消费税基。自然，增值税作为其中一个选项，也经常被提出来作为一种筹资选择。尽管在国会层面出现过很多增值税动议，但它们无一得到国会或相关国会委员会的足够支持而进入立法程序。此外，这一期间白宫也从未认真考虑过增值税，即便偶有提及，也会立即招来总统推迟考虑的澄清声明。增值税似乎已经成为美国的"政治禁区"。

20世纪90年代初，面对继续增加的财政赤字和日趋膨胀的福利支出，时任财政部长布雷迪建议引入某种增值税，在不挫伤储蓄和投资的条件下增加财政收入。但老布什总统极富经验的预算委员会主席达曼反对这一动议，他认为一方面该税种的行政成本太高，另一方面它会进一步强化已经形成的反对增值税的政治倾向。这一动议因此被老布什总统否决。这再次说明美国的税收政策服从于政治实用主义而非对公共财政理论的系统应用。这一模式贯穿整个90年代，发端自老布什任内针对税收问题的党派冲突直到克林顿执政时期还呈强化趋势，这进一步削弱了进行综合性改革的可能。

克林顿总统任内，曾考虑过引入增值税为其医改方案筹资，但基于各种考虑这一动议并未实际纳入方案（Brownlee，2016）。1994年共和党自1952年后再次获得两院多数席位。一些共和党议员利用当时美国中产阶级弥漫的减税情绪提出了削减资本和个人所得税的建议，包括引入单一税率所得税和混合税基税制的一些方案，后者的主要内容是工薪阶层继续缴纳一种简化的所得税，而工商部门则缴纳税率为11%的增值税。共和党两位参议员甚至提出了非常激进的改革方案，用税率为16%的联邦消费税替代而不是补充现存的所得税（Steuerle，2004）。不过，由于没有得到克林顿总统的支持，加之一些共和党议员也担心在当时经济渐趋过热的形势下这样的税改会进一步恶化财政赤字和加剧通胀，从而持消极态度，因此这些提案均未获得足够的立法支持。不过，

90 年代的这些改革提案尽管未能进入国会，但影响深远。它们推动了对战后美国税制进行根本性变革的讨论，并强化了用消费税作为改革基础的主张。

其后，尽管增值税改革未能到达立法层面，但依然有涉及增值税改革的三个趋势值得讨论：首先是美国律师协会起草了一份增值税样本方案，参议员霍林斯（Fritz Hollings）曾试图推进这一改革但未能成功；其次，针对所得征税转向针对消费征税的努力事实上加速了，经过小布什时期的税改，美国税制的特性发生了实质性改变；最后，小布什总统第二届任期中曾经考虑过增值税改革方案。他为此成立了一个两党税改咨询组专门研讨这个问题。咨询组深入分析了增值税的优缺点，但最终没能对是否引入增值税达成一致意见，因此最终报告并没有建议引入增值税。在诸多有关增值税的担心中，关于增值税会成为"筹钱机器"从而导致政府扩张的担心特别突出，这一担心加上增值税一旦引入就不可能被取消的事实，是咨询组没有推荐该税种的主要原因。这一点尽显美国特色，其他国家普遍将增值税的持久性看作该税种的一大优点（James，2015）。

2001 年 1 月小布什就任美国总统，正是在这一年，小布什政府面对的政治经济环境发生了剧变，这重塑了美国的税收政策环境。由于 20 世纪 90 年代后期的经济繁荣，美国出现了多年来少有的财政盈余，2000 年财政盈余甚至达到了当年 GDP 的 2.4%。乐观的预期是这种经济绩效可以维持下去，因此小布什的竞选承诺是大幅度减税。即便 2000 年美国经济减速，2001 年进入衰退，小布什的减税方案依然具有合理性，因为它能够提供此时所需的经济刺激。

除了宏观经济形势的考量，小布什最初的减税方案还有政治和意识形态方面的考量。首先小布什政府的减税方案受到了供给学派的影响，它明显注重降低储蓄和投资的税负。这种倾向非常明显，储蓄或投资所得越来越多地获得了税收豁免，以至于很多重要的评论认为美国的所得税制发展出许多消费税的特质。其次，小布什的减税方案部分体现了 20 世纪 90 年代日益增加的反政府情绪，小布什本人就公开表示减税是限制政府和福利项目增长的最有效方式。

小布什减税的第一阶段是 2001 年在共和党控制的参众两院通过了《经济增长和税收减免协调法案》。这第一轮减税相对温和，占到 GDP 的 1.5%，减税方式具有累进特征，因为降低了所有纳税人的税率，并通过儿童税收抵免和退休账户税收延递等方式将财政盈余返还给纳税人（Steuerle，2004）。该法案墨迹未干，小布什政府和美国就遭遇到一个关键的历史节点，即"9·11"恐怖袭击，它基本上重塑了美国的政治格局。

"9·11"恐怖袭击对美国财政产生了两重影响。首先它导致了军事和美国本土安全支出显著且持久的增加。冷战结束后美国国防开支已经减少，"9·11"后三年内美国反恐支出超过了3 000亿美元。除了直接催生更多的财政支出，"9·11"恐怖袭击还打击了商业信心，导致美国经济的进一步疲弱。这些因素交织在一起导致联邦税收三年内减少了4 500亿美元，占GDP的4.2%。联邦预算从2000年的盈余（占GDP的2.4%）转为2004年的赤字（占GDP的3.6%）。

除了上述经济影响，"9·11"事件对美国的政治格局也产生了深远的影响，正如历史上的军事和经济危机一样，这一事件培育了国民团结意识，极大地提高了美国总统的政治权力。2001年的《经济增长和税收减免协调法案》采取的还是传统的削减所得税方式，2002年的《就业创造和工人救助法案》则聚焦于类似加速折旧补贴这类投资激励。2001年年中，经济还处于疲弱状态，小布什政府引入了一轮更为激进的减税法案。2003年的《就业和增长税收减免协调法案》则不再面向美国中产阶级提高所得税减免，而是大幅度削减投资税负，直接将资本收益和股息税降到15%（Brownlee，2016）。

小布什执政时期税改法案的一个显著特征是尽管它们导致了美国税制的显著改变，但这些改革看起来并没有一致的政策框架。2000年之后的美国税收支出充满矛盾，因为小布什政府力图平衡相互冲突的目标和政治压力。一方面小布什承诺限制政府规模，与此同时他又引入了美国历史上最大的联邦支出项目即2003年老年人医保法案药品福利项目（Medicare Part D）。评论者认为这种矛盾反映了美国政府对公共财政原则的放弃，"立法和行政部门都持续采取相互冲突的选择，徒劳地力图取悦所有选民"（Steuerle，2004）。

不过，尽管存在上述矛盾，这些改革结合在一起基本上改变了美国税制的特性。许多公共财政学者认为，低资本所得税、低财富赠予税，加上日益扩大的储蓄免税措施，意味着美国税制具有了消费税的许多关键特征。① 正如一些

---

① 可以看出，从2000年以来美国税收制度还是出现了较大的改革。尽管这些改革的直接目标不是引入国家消费税，但这些已经实施的政策改革，通过不同的方式完成了一些国家消费税能够实现的目标。这是Streek and Thelen（2005）描述的"制度加层"（institutional layering）现象的一个经典案例。在这种现象中，现行制度如国家所得税体制被加上了一个非常不同的新目标。这种做法代表了一种机智的政治策略，即在正式制度变迁遭到顽固反对的环境中，同样的政策目标其实可以通过在已经被普遍接受的现行制度之上增加一个新目标的方式来间接实现，这一制度变迁形式并不那么显眼但同样有效（Eccleston，2007）。

评论者所说，这种"偷偷摸摸"的改革也许是变革美国税制基础的实用主义措施，因为它避开了那些公开进行税制改革的政治困境（Hacker and Pierson，2002）。

尽管"9·11"恐怖袭击和2001—2002年经济衰退后对税制进行了重大改革，但因为民主共和两党均担忧联邦赤字规模失控，希望建立一个更为协调和富有竞争性的税制，因此继续进行税制改革的呼声很大。面对这些压力，加之进入第二届任期后小布什更加关注国内政策，促使他成立联邦税制改革专家组，负责评估现存税制的复杂性、公平性及其对经济增长的影响，并提出相应的改革方案。尽管专家组有机会提出"推倒重来"的激进式改革方案，但因为清醒意识到激进改革短期内会加大纳税者的遵从成本，他们倾向于更为务实的改革建议。尽管有很多人建议采用单一税率税或用国家消费税完全替代联邦所得税，但最大共识则是在拓宽所得税税基的同时降低所得税税率，同时放弃"可选择最低纳税额"（Alternative Minimum Tax，简称ATM）这一做法。

除上述这些方案外，专家组也接到了一些专家和工商业利益集团的政策建议，改革所得税税基的同时附之以欧洲式增值税。当时任美联储主席格林斯潘在该专家组听证会上也认为引入消费税是个很好的选择时，这种提议开始获得更多的支持。格林斯潘认为，由于消费税鼓励储蓄和投资，因此它能促进经济增长。特别是如果打算彻底重新设计美国税制的话，消费税是最好的选择。当然，格林斯潘也意识到引入消费税存在的政治困难，因此他也指出无论如何，美国的税制应该是促进储蓄并能有效应对老龄化挑战的。格林斯潘的这些建议得到了美国一些工商业协会的支持和补充，特别是出口导向产业中的协会，比如制造业联盟。对增值税的最强烈支持来自自由派学者和那些认为开征消费税可以缓解财政赤字的利益集团。当然，正如美国的自由主义商业文化一贯显示的，这些提案受到了零售和住房建筑行业的激烈反对。

最引人注目的增值税提案来自耶鲁大学税收专家迈克尔·格雷茨（Michael J. Graetz）。他勾画了一个极其简单的所得税体系，其中个人纳税者5万美元（夫妻则是10万美元）以上的收入缴纳统一的25%所得税，此外再引入税率为10%~14%的增值税。这个提案最初得到专家组成员、前民主党参议员布鲁（John B. Breaux）的支持。不过专家组成员、前美国国税局局长查尔斯·罗索蒂（Charles O. Rossotti）认为开征增值税加剧了税制的复杂性，学者则重提增值税筹资能力太强会导致政府膨胀的反对观点（Hettich and Winer，2005）。

小布什成立的这个总统专家咨询组打开了一个政策窗口。然而,尽管很多联邦预算专家关心美国的长期财政形势,但是普遍的社会情绪是在维持现有税制的同时简化税制而不是增加复杂性,因此政治形势并不利于引入增值税。

2005年末,总统联邦税改专家咨询组递交了两份税制改革提案:《简化所得税计划》和《增长与投资税收计划》。两份计划分别勾勒了对美国税制各有特色且综合性的改革建议。两份计划的共同特征是与小布什总统第一届任期时的税改方案保持了很强的连续性。方案继续秉承供给学派逻辑,减少储蓄和投资的税负,同时对税收豁免进行合理化改革。最为突出的是《增长与投资税收计划》这个方案,不仅简化了所得税制,而且通过各种鼓励工商业投资的税收优惠措施,使其几乎转向了消费税制。显然,这个方案存在明显的再分配效应,对不同行业、不同规模、不同类型的企业造成的影响差别很大,这就使工商部门对该方案的态度千差万别,使它很难获得跨阶层、跨行业的支持。

2008年金融危机及由此引发的经济衰退使美国政府不得不采取一系列财政政策以缓解危机,但这加重了联邦预算压力,2009—2012财年的财政赤字创战后新高,超过了1万亿美元,2009年甚至达到了1.4万亿美元,占美国GDP的10.1%。这段时期,美国政府关注的焦点是扩大刺激性财政支出;如何打破政治僵局,提高联邦政府债务上限以为经济刺激方案筹资,以及解决赤字失控问题的相关措施。很多改革方案都涉及增值税改革,但是官方没有认真讨论过这个议题。比如奥巴马总统任命的沃尔克工作组考虑过一系列税改选项,但增值税不在其列。即便参众两院偶尔出现提议或支持引入增值税的声音,或者财政部偶然提到增值税也可以作为潜在选项,立刻就会出现很多反对的声音。有学者(Brederode,2009)评论道,为经济刺激计划筹资和为濒临破产的金融机构和金融行业提供紧急财政援助,使美国联邦政府的债务迅速增加,为了维持货币市场信心,保持其国债偿还能力,十年内美国不太可能引入联邦增值税。

结论

纵观历史,一个国家的财政状况往往是触发税制改革的重要因素,但在改革进程中,受经济发展状况与政党结构的影响,美国的国家农业主义极大地影响了美国税收制度的走向,过于发达的经济状况刺激了美国农业主义思潮的产生,农业主义者,包括后来继承其"政治遗产"的劳工群体及其政治代表,通过协调两大政党的政治主张，共同推动政府建立了严重依赖所得税且整体税率偏低的税收制度。尽管这一制度存在种种缺陷，但身处其中的各类利益相关方已经逐渐适应它，并形成了依托于它的利益集团（Pierson，2004）。此后，在路径依赖与政治压力的影响下，当面对缓解政府财政赤字的任务时，无论哪个党派执政，美国政府往往都习惯性地在税制改革中选择"通过增加一种所得税来为削减另一种所得税提供资金"的路径，而非"引入新税种如增值税"的路径。

美国政治体制导致其决策机制极为复杂，政策选择和决策过程中面临的否决点众多。作为众多改革动议之一，增值税往往由具有不同利益乃至利益相互冲突的个人或团体来提议，其结果是没有一个利益团体能始终如一地推动引入这一税种。处于制度性权力体系的行为人往往会质疑增值税的优点，或者美国决策制度实现这些优点的能力。不仅这些行为人对增值税自身优点的认知受制于历史和制度约束，即便那些承认增值税自身优点的决策者，在评估了美国税制的历史和制度后，也发自内心地怀疑美国实现这些优点的能力，从而导致美国决策者都没有认真地致力于实现这些优点。换言之，美国的决策者清晰地认识到了理想型增值税（具有哪些优点）和能够落地的实际增值税之间存在巨大差距（James，2015）。

拒绝增值税的路径选择，也限制了政府财政的增收能力，进而大大阻碍了美国向欧洲式福利国家道路的发展。正是基于对这些制度变迁障碍的认识，研究税收政策变迁的学者普遍认为税制改革尤其是综合性的税制改革很可能是公共政策变迁中最为困难的一种（Radaelli，1997）。而美国拒绝增值税后的福利国家走向，还有待进一步的研究。

参考文献

Alston, Lee J., 1983, "Farm foreclosures in the United States during the interwar period," *The Journal of Economic History*, Vol. 43, No. 4, pp. 885 – 903.

Anderson, Benedict, 1983, *Imagined Communities: Reflections on the Origins and Spread of Nationalism*, London: Verso.

Andrew C. Gould and Peter J. Baker, 2002, "Democracy and Taxation," *Annual Review of Political Science*, Vol. 5, No. 1, pp. 87 – 110;

Avi-Yonah, Reuven S., 2000, "Globalization, Tax Competition, and the Fiscal Crisis of the Welfare State," *Harvard Law Review*, Vol. 113, No. 7, pp. 1573 – 1676.

Barkley, Frederick R., 1942, "Senators Stand by 'Victory Tax' Plan," *The New York Times*, September 10, 19.

Birnbaum, Jeffrey, and Murray, Alan. , 1987, *Showdown at Gucci Gulch: Lawmakers, Lobbyists, and the Unlikely Triumph of Tax Reform*, New York: Random House.

Brederode, Robert F. W. van. , 2009, *Systems of General Sales Taxation: Theory, Policy and Practice*, Netherlands: Wolters Kluwer Law & Business.

Brown, Richard Harvey, 1978, "Bureaucracy as praxis: Toward a political phenomenology of formal organizations," *Administrative Science Quarterly*, Vol. 23, No. 3, pp. 365 – 382.

Brownlee, W. Elliot. , 2016, *Federal Taxation in America*, Cambridge: Cambridge University Press.

Brownlee, W. Elliot (ed.), 1996, *Funding the Modern American State, 1941 – 1995: The Rise and Fall of the Era of Easy Finance*, Washington, DC and Cambridge, UK: Woodrow Wilson Center Press and Cambridge University Press.

Carney, Richard W. , 2010, *Contested Capitalism: The Political Origins of Financial Institutions*, Abingdon: Routledge.

Clemens, Elisabeth S. , 1997, *The People's Lobby: Organizational Innovation and the Rise of the Interest Group*, Chicago: University of Chicago Press.

Ebrill, Liam et al. , 2001, *The modern VAT*, Washington, DC: International Monetary Fund.

Eccleston, Richard. , 2007, *Taxing Reforms: The Politics of the Consumption Tax in Japan, the United States, Canada, and Australia*, Cheltenham, UK: Edward Elgar Publishing.

Edwin Amenta et al. , 1994, "Stolen Thunder? Huey Long's 'Share Our Wealth,' Political Mediation, and the Second New Deal," *American Sociological Review*, Vol. 59, No. 5, pp. 678 – 702.

Ganghof, Steffen, 2006, "Tax mixes and the size of the welfare state: causal mechanisms and policy implications," *Journal of European Social Policy*, Vol. 16, No. 4, pp. 360 – 373.

Hacker, Jacob S. , and Paul Pierson. , 2002, "Business power and social policy: Employers and the formation of the American welfare state," *Politics & Society*, Vol 30, No. 2, pp. 277 – 325.

Hall, Peter A. , 1993, "Policy paradigms, social learning, and the state," *Comparative politics*, Vol. 25, No. 3, pp. 275 – 296.

Hallerberg, Mark and Scott, Basinger, 1998, "Internationalization and changes in tax policy in OECD countries: the importance of domestic veto players," *Comparative Political Studies*, Vol. 31, No. 3, pp. 321 – 352.

Hansen, John Mark. , 1991, *Gaining access: Congress and the Farm Lobby, 1919 – 1981*, Chicago: University of Chicago Press.

Hettich, Walter, and Stanley L. Winer. , 2005, "Rules, Politics and the Normative Analysis of Taxation," in Backhaus, Jürgen, and Richard E. Wagner (eds.), *Handbook of Public Finance* (pp. 109 – 137), Boston, MA: Springer.

Hoffman, Elizabeth, and Gary D. Libecap. , 1991, "Institutional Choice and the Development of U. S. Agricultural Policies in the 1920s," *The Journal of Economic History*, Vol. 51, No. 2, pp. 397 – 411.

Howard, Christopher. , 1997, *The Hidden Welfare State: Tax Expenditures and Social Policy in the United States*, Princeton, NJ: Princeton University Press.

James, Kathryn. , 2015, *The Rise of Value-added Tax*, New York: Cambridge University Press.

Kato, Junko. , 2003, *Regressive Taxation and the Welfare State: path dependence and policy diffusion*, New York: Cambridge University Press.

Lindert, Peter H. , 2004, *Growth Public: Social Spending and Economic Growth since the Eighteenth Century. Volume 1: The Story*, Cambridge: Cambridge University Press.

Lipset, Seymour Martin. , 1950, *Agrarian Socialism*, Berkeley: University of California Press.

McLure Jr, Charles E. , and George R. Zodrow. , 1987, "Treasury I and the tax reform act of 1986: The economics and politics of tax reform," *Journal of Economic Perspectives*, Vol. 1, No. 1, pp. 37 – 58.

Murnane, M. Susan. , 2004, "Selling Scientific Taxation: The Treasury Department's Campaign for Tax Reform in the 1920s," *Law and Social Inquiry*, Vol. 29, No. 4, pp. 819 – 856.

Peters, B. Guy, 2021, *American Public Policy: Promise and Performance*, Washington, DC: CQ Press.

Pierson, Paul. , 2004, *Politics in time: History, institutions, and social analysis*, Princeton, NJ: Princeton University Press.

Prasad, Monica. , 2006, *The Politics of Free Markets: The Rise of Neoliberal Economic Policies in Britain, France, Germany, and the United States*, Chicago: University of Chicago Press.

Prasad, Monica. , 2012, *The Land of Too Much: American Abundance and the Paradox of Poverty*, Cambridge, Massachusetts & London, England: Harvard University Press.

Radaelli, Claudio M. , 1997, "How does Europeanization produce domestic policy change? Corporate tax policy in Italy and the United Kingdom," *Comparative political studies*, Vol. 30, No. 5, pp. 553 – 575.

Regan, Donald T. , 1988, *Forthe Record: From Wall Street to Washington*, New York: St Martin's Press.

Schwarz, Jordan A. , 1964, "John Nance Garner and the Sales Tax Rebellion of 1932," *Journal of Southern History*, Vol. 30, No. 2, pp. 162 – 180.

Seelkopf, Laura, Lierse, Hanna, and Schmitt, Carina. , 2016. "Trade Liberalization and the Global Expansion of Modern Taxes." *Review of International Political Economy* 23 (2): 208 – 231.

Snyder, Robert E. , 1984, *Cotton Crisis*, Chapel Hill and London: University of North Carolina Press.

Stasavage, David, and Scheve, Kenneth. , 2016, *Taxing the rich*, Princeton, NJ: Princeton University Press.

Steinmo, Sven. , 1993, *Taxation and Democracy: Swedish, British, and American Approaches to Financing the Modern State*, New Haven, CT: Yale University Press.

Steuerle, C. Eugene. , 2004, *Contemporary U. S. Tax Policy*, Washington, DC: Urban Institute.

Streeck, Wolfgang, and Kathleen Thelen, 2005, "Introduction: institutional change in advanced political economies," in Streeck, Wolfgang, and Kathleen Thelen (eds.), *Beyond Continuity: Institutional Change in Advanced Political Economies* (pp. 1 – 39) . Oxford University Press.

Stone, Clarence Nathan, 1989, *Regime Politics: Governing Atlanta, 1946 – 1988*, Lawrence, Kansas: University press of Kansas.

Swank, Duane, and Hans-Georg Betz. , 2003, "Globalization, the welfare state and right-wing populism in Western Europe," *Socio-Economic Review*, Vol. 1, No. 2, pp. 215 – 245.

Thorndike, Joseph J. , 2009, "The Unfair Advantage of the Few," in Martin, Isaac William et al. (eds.), *The New Fiscal Sociology: Taxation in Comparative and Historical Perspective* (pp. 29 – 47), New York: Cambridge University Press.

Webber, Carolyn, and Wildavsky, Aaron B. , 1986, *A History of Taxation and Expenditure in the Western World*, New York: Simon & Schuster.

Wilensky, Harold L. , 1975, *The Welfare State and Equality: Structural and Ideological Roots of Public Expenditures*, Berkeley and Los Angeles: University of California Press.

Wilensky, Harold L. , 2002, *Rich Democracies: Political Economy, Public Policy, and Performance*, Berkeley and Los Angeles: University of California Press.

陈兆旺，《通过福利国家实现的社会规约与国家治理——基于英、德、美三国实践的比较研究》，《学术月刊》，2022 年第 5 期，第 82—94 页。

高培勇，《论国家治理现代化框架下的财政基础理论建设》，《中国社会科学》，2014 年第 12 期，第 102—122 页和第 207 页。

黄少安等，《福利刚性、公共支出结构与福利陷阱》，《中国社会科学》，2018 年第 1 期，第 90—113 和第 206 页。

刘尚希，《财政风险：一个分析框架》，《经济研究》，2003 年第 5 期，第 23—31 页和第 91 页。

刘守刚，《财政类型与现代国家构建——一项基于文献的研究》，《公共行政评论》，2008 年第 1 期，第 169—182 页和第 201 页。

马骏、温明月，《税收、租金与治理：理论与检验》，《社会学研究》，2012 年第 2 期，第 86—108 页和第 243—244 页。

彭华民，《社会福利的全球化逻辑理论：批判与重构》，《社会发展研究》，2020 年第 4 期，第 17—29 页。

袁富华、吴湛，《福利国家模式、增长悖论与再平衡：对中国现代化及共同富裕的启示》，《学术研究》，2022 年第 6 期，第 85—95 页和第 177—178 页。

周飞舟，《分税制十年：制度及其影响》，《中国社会科学》，2006 年第 6 期，第 100—115 页和第 205 页。

周弘，《欧洲社会保障的历史演变》，《中国社会科学》，1989 年第 1 期，第 89—106 页。

周弘，《福利国家向何处去》，《中国社会科学》，2001 年第 3 期，第 93—112 页和第 206 页。

［美］弗雷德里克·刘易斯·艾伦著，秦传安译，《美国成长三部曲》第一部《大繁荣时代》，江苏人民出版社，2019 年。

［美］道格拉斯·欧文著，《贸易的冲突：美国贸易政策 200 年》，余江等译，中信出版集团，2019 年。

［美］威廉·曼彻斯特著，《光荣与梦想：1932—1972 年美国叙事史》，四川外国语大学翻译学院翻译组译，中信出版集团，2015 年。

视界

Horizon

Comparative

工作的意义与保护

可持续体面劳动的构想

上村泰裕

一、体面劳动的困难

有人因为不知道自己的工作有什么意义而烦恼，也有人说无所谓有无意义，但还是必须好好地保障劳动条件。我预感到，在看似一成不变的日常生活中，过去认为理所当然的"工作的意义与保护"正在悄无声息地瓦解。在即将到来的数字经济中，有没有可能构想出一个所有人都有机会享有"体面劳动"的社会呢？在本文中，我想基于体面劳动的理念来展望未来的工作。

体面劳动是国际劳工组织（ILO）的口号，并被列入联合国可持续发展目标（可持续发展目标之8：体面劳动和经济增长，简称 SDG8）。其定义不是很明确，国际劳工组织网站上是这样解释的："体面劳动包括：能提供合理收入的生产性工作机会，工作场所的安全和对家庭的社会保护，人格成长和社会整

＊ 上村泰裕，名古屋大学大学院环境学研究科副教授，从事福利社会学和比较社会政策研究。他的研究领域包括东亚福利制度的政治经济学、工作和福利的历史和未来、新旧非正规雇佣、环境和社会正义，以及全球社会政策。他的著作《福利的亚洲：从国际比较到政策构想》（名古屋大学出版会，2015）获得了由每日新闻社和亚洲调查会主办的第 28 届亚太奖特别奖。本文由作者本人翻译而成。原文为「働くことの意味と保護——持続可能なディーセントワークの構想」『日本労働研究雑誌』（2021）第 736 号，第 77—86 页。

合的前景，自由表达关切、组织工会、参与影响其生活的决策，所有男女都有平等的机会和待遇。"① 当我们说"值得为之"时，往往很容易联想到工作的"意义"，但在这里我们可以将重点放在"保护"上，其中包括合理收入、安全、社会保护、组织权和平等。另一方面，通过工作获得的人格成长和社会整合，都包含在工作的"意义"中。

与体面劳动的理念相关联的是非正规就业的概念（ILO，2002）。非正规就业是指不受税制、劳动法、社会保障等限制和保护的就业。但是，非正规就业和正规就业之间的界限是连续的，因为存在缴了税却得不到保障的灰色地带（上村，2015）。

这里需要注意的是，正规就业并不等同于体面劳动。如前所述，体面劳动不仅有保护的维度，还有意义的维度。图1对几种概念进行了梳理：体面劳动是正规就业中有意义的工作，即既有意义又有保护的工作（右上象限）。

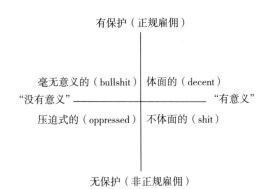

图1 工作的四种类型

注：关于毫无意义的工作和不体面的工作，参照本文第四部分。

资料来源：作者制作。

如果效仿涂尔干（Durkheim，1897）的说法，图1中的横轴就是社会整合的维度（内在的激励力量），纵轴就是社会规制的维度（外在的支持力量）。根据涂尔干的理论，过多的整合和过度的规制会导致自杀。也就是说，无论是工作的意义还是保护，都不应该过度。

国际劳工组织说要实现"人人享有体面劳动"。如果所有人都能享有既有

---

① ILO 网站（https：//www.ilo.org/global/topics/decent-work）。最后访问日期为2021年8月29日。

意义又有保护的工作，那再好不过，但这真的可能吗？国际劳工组织对此说法也留有余地。"体面劳动是目标，而不是标准"（ILO，2002，第4页）。体面劳动是"促进沿着梯子一步步地向正规的、体面的、受保护的极点攀登的渐进方法"（同上）。也就是说，体面劳动是制定政策的规范概念。

下面的第二部分和第三部分概述了工作的意义和保护的历史。第四部分和第五部分考察了工作的意义和保护当前面临的危机。最后，第六部分设想了使体面劳动在21世纪下半叶可持续的政策。

二、工作的意义

我们为了什么而工作呢？工作有什么意义？究竟是什么样的力量，从内在激发我们的工作动力呢？

工作社会学的先驱尾高邦雄所著的《职业社会学》一书，为我们提供了回答这些问题的线索。尾高认为，职业①有"谋生""天职""职分"三个要素。与谋生是维持生计的手段相对，天职是发挥个性的生活方式，职分是为了实现社会团结而履行义务（尾高，1941，第11页）。

尾高说，所谓谋生，就是为了维持生计而不得不进行的活动，与劳动概念几乎没有不同之处（尾高，1941，第13页）。这与阿伦特借用马克思的物质代谢概念而描绘的劳动理念不谋而合（Arendt，1960/2015，第117页）。在近代以后的市场社会，谋生意味着赚取生活费，但在非市场社会也有旨在获得衣食住的活动，因此可以说谋生是一个超历史的概念。

所谓天职，是指在自己最擅长的领域发挥才能，从而做出贡献（尾高，1941，第11页）。这个定义也与受尾高推崇的韦伯（Weber，1920）所说的新教禁欲职业伦理有关。对新教来说，职业是神赋予的使命，是为了增加神的荣耀而应专注的事情。自己最擅长的工作，才是神喜欢的天职。

所谓职分，是指在世间互相扶持、互相帮助的过程中，每个人应该扮演的角色（尾高，1941，第11页）。其原型是以行会为中心的中世纪都市生活的形象（Troeltsch，1912/2014，第167页），即托马斯·阿奎那《神学大全》中的有机分工观［引自上田（1933，第326页），"所谓职分，就是做不伤害任何人而又对所有人有用的活动"］。

---

① 这里，"职业"被解释为工作的同义词。

按尾高的说法，以上三要素构成了职业的理想类型。"所谓职业，是以发挥个性、实现社会团结以及维持生计为目标的人们持续的行为方式……所谓职业，是指经营社会生活的人们①发挥其天赋，②履行其角色，从而③将其报酬用于谋生的持续劳动"（尾高，1941，第23页）。当然，在实际生活中，既有三要素均衡的职业，也有某一要素薄弱的职业。

在分析上，只要对照这一理想类型来探讨现实中的职业形态即可，但尾高还在此中隐含了规范性的意味。也就是说，孤立的个人仅仅为了维持生命而工作，这只不过是劳动（同上，第16页）。职业的本质，在于在社会生活中"发挥与他人不同的个性，为他人实现社会团结"（同上）。在职业中，人们的天赋和才能应该得到提高，其角色和使命应该得到实现（同上，第15页）。根据尾高的构想，工作的意义不是为了谋生，而是由天职和职分构成。

从历史上看，天职与职分之间存在着宗教改革的分水岭。职分要求人们为封建社会中的特定集团贡献，而天职则试图将市民社会中的个人从特定集团中解放出来，投入工作（同上，第340页）。职分这种工作方式的普及是在宗教改革以后。用现在的话说，职分是公司人的工作方式，天职是工作狂的工作方式。尾高指出"东洋缺乏禁欲性的职业伦理"（同上，第368页），这或许是日本的工作方式至今仍以公司人为主导的原因。

尾高强调贡献或沉浸在工作中的论点，在今天看来似乎有些过时。从其所强调的"贡献"中可以感受到，通过劳资一体化实现产业报国运动的思想仍未消失，"沉浸在工作中"的说法也显得过于认真。尾高和韦伯都倡导："要想成为一技之达人，真正发挥自己，首先必须把自己局限在一定的范围内。正是这种禁欲使人能够集中精力"（同上，第334页）。与此相反，特洛尔奇鼓励人们关注与宗教改革同时期的文艺复兴理想。文艺复兴的理想人物是全才、优雅的宫廷人、精神自由人、有教养的人，而不是职业人或专业人（Tro-eltsch，1925/1959，第47页）。

尽管如此，我还是认为这些概念可以作为捕捉工作意义的线索。所谓天职，就是通过工作发挥个性和才能。所谓职分，就是在组织和网络社会关系中，通过工作享受社会的认可。这样的说法，应该可以涵盖现代的工作的意义。简单地说，工作的喜悦来自能够发挥自己能力的乐趣（用上一节体面劳动的定义来说就是"人格成长"）和自我能为社会所用的实感（"社会整合"）。当然，也必须注意工作和生活的平衡。应吸取文艺复兴的理想，不要失去工作以外的价值，即非职业的政治参与、艺术、体育、社交、志愿服务、家务和育儿等活动的意义。

三、工作的保护

尽管工作的喜悦来源于对天职和职分的追求，但更多情况下从事工作的我们作为劳动力出现在市场上。此时，谋生（劳动）的一面成为焦点。与市场上交易的普通商品不同，劳动力在没有保护的情况下无法进行交易。从外在支持工作的社会保护机制是如何形成的呢？宗教改革在这里也成了分水岭。

阿伦特以马克思为基础，阐述了近代的开端，即伴随着宗教改革，教会和修道院领地被没收，以及同时代的圈地运动这两种"令世界异化的土地征用"。"这首先把欧洲，然后把全世界都拖入了同一个进程。在这一过程中……世界的稳定性被过去几个世纪所谓的进步彻底瓦解了"（Arendt，1960/2015，第332页）。

以"不劳者不得食"为原则的劳动力市场就是在这个过程中形成的。在公共用地和共同体中失去立足之地的人们，不得不走向劳动力市场。但是，正如波兰尼指出的，没有社会保护的劳动力市场会对人类造成破坏（Polanyi，1944）。因为高龄、残疾、失业等原因而无法工作的人，有可能落魄甚至死去。为了避免这种情况发生，就有必要为不能工作的人建立社会保护机制。

根据社会政策学的常识，符合这种要求的正是福利国家的去商品化功能（Esping-Andersen，1990）。去商品化的机制，即社会保护，使人们在无法工作的时候能够从劳动力市场中走出来，而福利国家就是提供这种机制的。那么，从16世纪的宗教改革到20世纪福利国家成立的这段时期，又是什么情况呢？

先说结论，在西欧，自宗教改革以来，社会保护机制就开始出现。以英国为例，从1536年开始，政府救济教区的贫民，替代了修道院救济贫民的角色，而1601年的《伊丽莎白济贫法》则是集大成者。其中，"无劳动能力的贫民通过治安法官征收的强制税得到救济，健康的人使用以税金购买的原材料从事制造，孩子和孤儿作为学徒工作"（Toynbee，1884，第79页）。一些学者把这称为原福利国家（King，2000，第53页）。产业革命后的《新济贫法》（1834年）也继承了"不劳者不得食，但不能劳者要得救"的观点。《新济贫法》因废除院外救济和根据劣等待遇原则削减福利而恶名昭著，但即便如此，1840

年的领取者仍达到 120 万人（占总人口的 7.7%）（安保，2005，第 44 页）。①

宗教改革后的西欧之所以会产生这种公共的社会保护机制，是因为教会和修道院在宗教改革之前就担负起了救济贫民的公共责任。与其他文明圈相比，这源于基督教国家的特殊历史。据古迪的论述，欧洲亲属集团的缩小是 6 世纪教会禁止近亲结婚、与亲属或寡妇结婚、领养、姘居、离婚等导致的。这并不是根据圣经的教义，而是为了增加没有继承人的亲属集团，让他们把财产捐赠给教会。这样一来，亲属集团缩小了，亲属集团的财产转移到教会，作为交换，教会的责任是保护贫困者、孤儿和寡妇（Goody，1983；上村，2015，2018）。与此相反，在其他文明圈，则是亲属集团一直承担着保护弱者的责任。

西欧与非西欧的这种差异出乎意料地根深蒂固，对近代的劳动方式也产生了影响。赖格利认为，在英国，有效的济贫制度在全国各地都可以使用，这为资本主义的发展提供了良好条件。劳动者在失去工作能力时，即使不依靠亲属也能期望得到救济，从而实现了流动性高的经济（Wrigley，1988/1991，第172 页）。"熟悉第三世界情况的人类学者，近年来指出了一些经济发展的障碍，但近代英格兰并没有这样的障碍，或者可以说即使有也没有那么强力的作用"（同上，第 173 页）。从这一点看，近代日本的"农民工型劳动"（大河内，1950/1972）的起因在于社会保护的薄弱和对亲属福利的依赖。② 而且，特殊的不是日本而是英国，近代日本处于"第三世界"的一方，经历了以非正规就业为中心的经济发展。

不管怎样，无论是西欧还是日本，最终都形成了福利国家。根据《贝弗利奇报告》，雇员"除了医疗、丧葬费和养老金之外，无论原因如何，因失业和无法工作导致的收入中断，都需要保障"（Beveridge，1942/1969，第 189 页）。于是，废除劣等待遇等差别待遇的社会保护制度，就以与雇佣劳动相结合的形式被引入。但对西欧各国来说，这并不是完全新奇的制度。将宗教改革以来的济贫法发挥的去商品化功能适用于普通选举时代以实现民主化，这就是福利国家。

---

① 即使在最高的年份（1892 年），全日本仍只有 18 545 名明治日本恤救规则的受益者（占总人口的 0.06%）（上村，2015，第 6 页）。

② "英国工人无家可归，日本工人有"（大河内，1950/1972，第 160 页）。当然，这只是一种很粗略的理想型的理解。尽管大河内认为劳动的类型决定了社会政策（福利）的性质，但确切地说，是社会保护（福利）的类型决定了劳动的性质，这一点从本节的叙述中可以看出。

四、意义丧失的危机

通过以上两节，概述了近代劳动的意义和保护是如何形成的。如果要问是什么让我们发自内在地去工作，那就是对天职和职分的追求，也就是发挥能力，为社会做贡献。此外，在外在支持工作的社会保护机制的形成过程方面，西欧和日本有很大不同，但两者的共同点是，战后福利国家都在防止劳动力市场对人类的破坏。然而，一度被认为已经确立的体面劳动的前提条件，近年来却有一种即将崩溃的预兆。本节和下一节将考察这一危机。

大卫·格雷伯的一篇文章《论毫无意义的工作》首次发表是在 2013 年。所谓"毫无意义的工作"（bullshit jobs），是指连从事该工作的人都难以将其正当化的无意义、不必要且有害的工作。根据格雷伯的分类，奉承者（仅仅是为了让上司看起来像个大老板而雇用的秘书等）、威胁者（为了企业而欺骗别人的电话销售员和顾问律师等）、"擦屁股者"（负责掩饰因组织缺陷产生的问题的经理等）、文件填补人（负责整理没有人看的报告书的合规业务职员等）、任务主管（只把工作分配给部下的中层管理人员等）都属于此类。与社会价值高但工作条件恶劣的"不体面的工作"（shit jobs）相比，毫无意义的工作是指工作条件良好的白领工作，但工作者个人认为对社会无用（也就是说职分要素很薄弱）（参照图 1）。近年来，金融资本主义导致的竞争加剧使这类工作大幅增加（Graeber，2018）。

对于格雷伯的论点，我有几点不同的看法。第一，需要注意的是，其调查对象是对 2013 年的文章产生共鸣的读者，样本存在选择偏差。也就是说，不赞同其观点的人被排除在考察对象之外。第二，对于某一职业的社会价值，主观判断和客观评价之间可能存在差距。即使工作者本人觉得是"毫无意义的工作"，从更广阔的角度看，也有可能对社会有所帮助。第三，存在社会学意义上的"对情况的定义"问题。根据托马斯公理，"如果人们把一种情况定义为现实，那么它就会成为现实"（Thomas and Thomas，1928，第 572 页）。格雷伯的著作，在广泛传播"毫无意义的工作"概念的同时，可能无意中也推动了"毫无意义的工作"的增加。

话虽如此，这类讨论引起了不少读者的共鸣，这或许是工作面临意义丧失危机的征兆。因此，利用国际社会调查项目（ISSP）2015 年的数据，我们来简要说明一下就业者对追求天职和职分的看法。

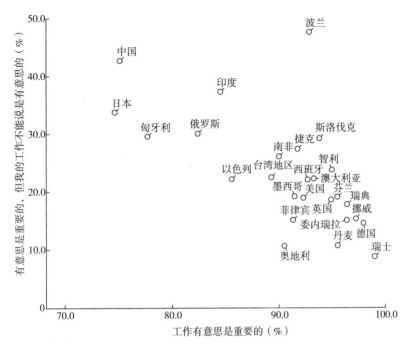

图 2 天职意识的国际比较

资料来源：作者根据 ISSP2015 数据制作。

图 2 显示了就业者中回答"工作有意思是重要的"人员比例和回答"有意思是重要的，但我的工作不能说是有意思的"人员比例。由此可见，25%的日本就业者并不重视工作的乐趣，35%的就业者虽然重视乐趣，但实际上做的是无趣的工作。事实上，至少60%的就业者可能没有找到能够充分发挥自己能力的天职。

图 3 显示了就业者中回答"工作对社会有用是重要的"人员比例和回答"对社会有用是重要的，但我的工作不能说是有用的"人员比例。由此可见，35%的日本就业者不重视通过工作为社会做贡献，19%的就业者重视为社会做贡献，但实际上没有做贡献的感觉。据调查，半数以上就业者没有通过工作为社会做贡献的职分意识。

只要能意识到天职和职分中的任何一方，就能找到工作的意义。但是，29.8%的日本就业者回答说："自己的工作既没有意思，也说不上有用"。① 这与波兰（29.0%）、印度（26.6%）一样高。接下来依次是中国（22.4%）、

---

① 日本就业者的答复分布如下："有意思和有用"32.0%，"有意思但没用"13.1%，"没有意思但有用"25.1%，"既没有意思也没有用"29.8%。

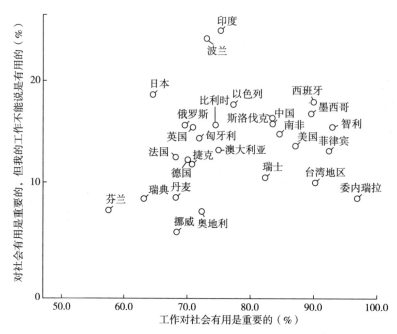

图3 职分意识的国际比较

资料来源：作者根据 ISSP2015 数据制作。

英国（11.9%）、瑞典（9.3%）、德国（8.7%）、美国（8.6%）、台湾地区（7.0%）、菲律宾（4.4%）、瑞士（3.2%）等。也就是说，与格雷伯的论点不同，工作的毫无意义化并非在任何经济体都存在。正因为如此，日本有关工作意义的危机情况更加突出。

五、保护丧失的危机

工作的保护也面临危机。第一，存在非正规就业脱离社会保护的问题。第二，预测受保护的正规就业将大规模消失。

如何看待非正规就业呢？20 世纪中期建立的福利国家的社会保护，是以管制能力强的政府和以正规就业为中心的劳动市场搭配组合为前提的。社会保险作为福利国家的支柱之一，其正常运作的条件是，政府有能力设立和运营，且存在有能力为员工缴纳保险费的稳定企业占多数的劳动力市场。迪金和威尔金森认为，失业和退休等概念是社会保险法定义的无限期稳定就业的镜像（Deakin and Wilkinson，2005，第 39 页）。也就是说，可以认为正是福利国家创造了正规就业。今井将这一过程描述为"起飞"，并指出被排除在起飞之外的是各种各样的不稳定就业（今井，2021，第 21 页）。从这个意义上说，正规就业和非正规就业的区分，可以说是伴随着福利国家的成立而产生的。

优步、众包等近年来所谓的零工经济（通过互联网平台打零工）的兴起，似乎是 20 世纪 80 年代开始持续的非正规化就业的延续。但是，基于算法的巧妙管理和将劳动者视为个体经营者而放弃雇佣责任的组合（Rosenblat，2018）显然宣告了一个新时代的到来。脱离了以正规就业为前提的社会保护的新非正规就业正在不断出现，新冠疫情危机也导致了这类就业的剧增，因此预计今后非正规就业人数将进一步增加。在劳动力市场上，出现了超出传统福利国家管制能力的情况。克劳奇认为，零工经济是对正规就业模式最极端的挑战，可能会溶解就业和权利的概念（Crouch，2019，第 42 页）。

如果把目光转向发展中国家，就会看到与发达国家完全相反的景象。例如，印度虽然实现了快速的经济增长，但正规就业者仅占全体就业者的22.8%。剩下的是临时就业者 24.9%，自我雇佣者 52.2%（National Statistical Office，*Periodic Labour Force Survey 2017 – 2018*）。为了进行比较，举个日本的数字，就业者中正规就业者为 57.1%，非正规就业者为 32.2%，自我雇佣者为 10.0%（总务省 2019 年《劳动力调查》）。另外，日本老年人的养老金领取率为 100%，而印度仅为 42.5%（ILO，*World Social Protection Report 2020 – 22*）。在发达国家担心正规就业会转向非正规就业的时代，发展中国家的正规就业似乎还停留在起飞之前。施密德认为，将正规就业模式应用于以自我雇佣者为主的发展中国家将面临失败，因此有必要构建独立于雇佣形式的社会保护体系（Schmid，2018）。

其次，为什么会出现正规就业的消失呢？弗雷和奥斯本的论文《就业的未来》（Frey and Osborne，2013）认为，人工智能和机器人可能会取代美国47% 的正规就业，这引发了赞成和反对两种观点的争论。与此同时，鲍德温指出，由于机器翻译和通信技术的进步，"远程移民"成为可能。劳动力成本低廉的发展中国家的高学历非正规劳动者，可以通过互联网承包发达国家的白领工作。如果人工智能和远程移民的使用增加，发达国家在不久的将来可能会产生大规模的就业破坏（Baldwin，2019）。与以往不同，正规就业的实质可能会消失。

这样一来格雷伯批评的"毫无意义的工作"除了奉承者和"擦屁股者"，大部分也会消失。工作保护丧失的大灾难也许可以在很大程度上解决意义丧失的问题。井上认为，最终只会留下创意类（艺术和研究开发等）、管理类（公司经营和工厂管理等）、款待类（福利服务和接待等）工作。而且，这样的工作也要面对机器的竞争。另外，虽然传统的大多数职业是中等收入居多，但创意类工作是赢家通吃的，因此大多数人将成为不稳定的低收入阶层。此外，款待类工作往往是低收入性质的（井上，2018）。

六、可持续体面劳动的构想

笔者预料，非正规就业会增加，而正规就业则会大量消失。传统上，工作的内在激励和外在保护都与正规就业相关联。在一个围绕就业构建生活意义和工作保护的社会中，就业的解体或消失是令人不安的。当然，消失的程度和速度取决于技术创新的模式，所以目前无法预测。但是，事先设想使体面劳动（既有意义又有保护的工作）在21世纪下半叶可持续的政策，永远不会太早。

防止失业的经典政策，是通过公共工程创造就业机会（图4左下象限）。它可以在坚持"不劳者不得食"原则的情况下提供社会保护。例如，印度于2006年实施的《全国农村就业保证法》（NREGA）作为"世界上最大的公共就业计划"而备受关注（Schmid，2018；凑，2021）。它保证每年有多达100天的最低工资就业机会，所有申请者都可以参加。他们的主要工作是发展灌溉等村庄基础设施。2019年，有7 880万人参加，2020年度由于新冠疫情危机有11 190万人参加。2019年的支出为6 827亿卢比（GDP的0.47%），2020年度为11 145亿卢比（GDP的0.82%）。①

图4　社会保护的四种类型

资料来源：作者制作。

---

① 印度农村发展部的 NREGA 网站（https：//nrega. nic. in）。最后访问日期为 2021 年 9 月 22 日。

但是，公共工程虽然有助于维持生计，却不足以成为追求天职和职分的机会。在印度的农村共同体中，参与灌溉工程可能会得到社会的认可，但如果在发达国家实施同样的事业，很可能沦为千篇一律的孤独的底层劳动。因此，鼓励通过工作实现个性和社会团结的政策是可取的。在这个方向上，有人建议以社会投资为中心重组福利国家（图4右下象限）。通过提供各种教育培训课程，帮助人们找到适合自己的工作。帕利耶主张建立任何人都可以使用的社会服务。为失业者提供随时都能重新学习的终身学习服务，为有孩子和年老父母的人提供保育和护理服务才是社会投资，这样的服务本身也会创造就业机会（Palier，2019）。

虽说如此，通过社会投资提高人们的就业能力，在就业机会本身变得稀少的时代，并不一定能有助于维持生计。因此，另一方面，有人提议以基本收入为中心重组福利国家（图4左上象限）。说到基本收入，就会被认为财政上不可行，占日本人口30%的老年人领取的养老金实际上就是基本收入。老龄基础养老金一年的金额是780 900日元（每月65 075日元），如果对其余70%的国民也支付这个金额，大约需要70万亿日元（GDP的13.2%）。2020年度的社会保障支出为105.4万亿日元（GDP的20.0%），两者合计将占GDP的33.2%，与目前法国的社会保障支出持平。虽然是很大的路线改变，但并非完全不可能。

不过，与公共工程一样，基本收入并不能赋予人生意义。为了克服意义丧失和保护丧失的危机，必须将基本收入和社会投资结合起来（图4右上象限）。罗德里克主张，政府应该积极投资技术研发，并将新创新带来的收益作为社会创新红利返还给国民，因此必须从福利国家转型为创新国家（Rodrik，2018）。但是，只靠统一的分红是不够的。政府的研发投资应该指向大学研究所而不是公司，让那些想从事创意类研究的年轻人有机会追求自己的天职。万分之一的成功带来的收益应该是公有的，并应用于社会投资，以回报那些以人类福利和保护自然环境（例如关怀工作和绿色工作等）为职分的人。

希望21世纪下半叶的人们能够克服就业消失的难关，发现工作的意义："使自己的工作越来越愉快是每个人的责任，这当然有助于提高优秀的标准，因为没有人喜欢做对自己没有好处的工作，而且在做这些工作时也会更加深思熟虑。有如此多的东西可以被当作艺术作品，仅这一点就能使许多灵巧聪明的人得到就业机会。此外，如果艺术是取之不尽的，科学也是如此"（Morris，

1890，第 135 页）。要做到这一点，社会保护的变革是不可或缺的。

参考文献

安保则夫（2005），《英国劳动者的贫困与救济：济贫法与工厂法》，明石书店。

今井顺（2021），《雇佣关系与社会不平等：作为产业性公民身份形成和展开的结构变化》，有斐阁。

井上智洋（2018），《人工智能时代的新基本收入论》，光文社新书。

上村泰裕（2015），《福利的亚洲：从国际比较到政策构想》，名古屋大学出版会。

上村泰裕（2018），"东亚的福利空隙：少子高龄化中的家族与国家，"《家族研究年报》第 43 号。

King，Steven（2000），*Poverty and Welfare in England, 1700–1850: A Regional Perspective*，Manchester University Press.

凑一树（2021），"世界最大公共雇佣计划的政治经济学，"堀本武功，村山真弓，三轮博树编著《今后的印度：转型中的现代世界和莫迪政权》，东京大学出版会。

Morris，William（1890），*News from Nowhere*，Thomas Nelson and Sons.

尾高邦雄（1941），《职业社会学》，岩波书店。

大河内一男（1950［1972］），"工资劳动中的封建性，"《劳资关系论的历史发展》，有斐阁。

上田辰之助（1933），"圣托马斯的职分社会思想研究，"《东京商科大学研究年报·商学研究》第 2 号。

Arendt，Hannah（1960），*Vita activa oder Vom tätigen Leben*，Kohlhammer.

Baldwin，Richard（2019），*The Globotics Upheaval: Globalisation, Robotics and the Future of Work*，Weidenfeld & Nicolson.

Beveridge，William（1942），*Social Insurance and Allied Services*，His Majesty's Stationary Office.

Crouch，Colin（2019），*Will the Gig Economy Prevail?*，Polity Press.

Deakin，Simon and Frank Wilkinson（2005），*The Law of the Labour Market: Industrialization, Employment, and Legal Evolution*，Oxford University Press.

Durkheim，Émile（1897），*Le Suicide: Étude de Sociologie*.

Esping-Andersen，Gøsta（1990），*The Three Worlds of Welfare Capitalism*，Polity Press.

Frey，Carl Benedikt and Michael Osborne（2013），"The Future of Employment: How Susceptible are Jobs to Computerisation?，" Working Paper，Oxford Martin Programme on Technology & Employment.

Goody，Jack（1983），*The Development of The Family and Marriage in Europe*，Cambridge University Press.

Graeber，David（2018），*Bullshit Jobs: A Theory*，Simon & Schuster.

ILO（2002），"Decent Work and the Informal Economy，" International Labour Conference 90th Session，Report VI.

Palier，Bruno（2019），"Work，Social Protection and the Middle Classes: What Future in the Digital Age?，" *International Social Security Review*，Vol. 72，No. 3.

Polanyi，Karl（1944［2001］），*The Great Transformation: The Political and Economic Origins of Our Time*，Beacon Press.

Rodrik，Dani（2018），*Straight Talk on Trade: Ideas for a Sane World Economy*，Princeton University Press.

Rosenblat，Alex（2018），*Uberland: How Algorithms are Rewriting the Rules of Work*，University of California Press.

Schmid, Gunther (2018), "Towards Employment Strategy of Inclusive Growth," Christopher Deeming and Paul Smyth (eds.), *Reframing Global Social Policy: Social Investment for Sustainable and Inclusive Growth*, Policy Press.

Thomas, William I. and Dorothy Swaine Thomas (1928), *The Child in America: Behavior Problems and Programs*, Alfred A. Knopf.

Toynbee, Arnold (1884), *Lectures on the Industrial Revolution of the Eighteenth Century in England*, Longmans, Green, and Co.

Troeltsch, Ernst (1912), *Die Soziallehren der Christlichen Kirchen und Gruppen.*

Troeltsch, Ernst (1925), *Renaissance und Reformation.*

Weber, Max (1920), *Die protestantische Ethik und der ≫Geist≪ des Kapitalismus.*

Wrigley, E. A. (1988), *Continuity, Chance and Change: The Character of the Industrial Revolution in England*, Cambridge University Press.

特稿

Feature

21 世纪福利国家

社会保障的最新发展趋势

伊莎贝尔·奥尔蒂斯

本文介绍了扩展社会保障体系的全球共识，这种共识主要基于社会保障在缓解贫困和减少不平等方面的显著效果。社会保障是最具再分配性质的公共政策，因为它包括：（1）从国家预算向公民的直接现金转移，（2）缴费型公共计划中雇主对雇员的额外转移，以及（3）高收入者向低收入者的收入转移。然而，自 20 世纪 80 年代以来，随着社会保险领域个人账户、养老金私有化以及其他改革的引入，社会保障体系的再分配性质在许多国家被削弱。财政紧缩、减少雇主缴费的压力持续存在，对社会保障制度形成了巨大的冲击，并将显著扩大不平等。

本文回顾了 2010—2016 年间迥然不同的发展趋势：一方面，大多数发展中国家正在大规模扩展社会保障；另一方面，高收入国家以及一些中等收入国家则采取财政紧缩措施，不断削弱社会保障体系。这些短期调整措施造成巨大的人道成本，正在将全球经济带入进一步衰退，也侵蚀了战后福利国家模式的

---

* Isabel Ortiz，国际劳工组织（ILO）社会保护项目主任。曾任联合国经济和社会事务部高级顾问，获伦敦经济学院博士学位。原文"The Welfare State in the Twenty-First Century：Latest Trends in Social Protection"收录在 José Antonio Ocampo 和 Joseph E. Stiglitz 主编的 *The Welfare State Revisited* 一书中，该书由哥伦比亚大学出版社出版，版权由博达创意代理有限公司代理，本文翻译得到了原出版社的授权。——编者注

巨大成就。随之而来的就是将所谓的"老龄化危机"呈现为在老年看护领域和"银发"经济中创造新就业的机会。本文最后将讨论当前争议较大的最低保障收入、全民基本收入，以及其他福利领域的问题，比如实物和服务的补贴。本文的结论是，要减少不平等，需要采取公平的宏观经济政策和行业政策，以扩大就业并加强公共福利体系，使社会保障体系覆盖全民并达到合宜的水平。

扩大社会保障体系的全球共识

当今时代，社会保障的正当性毋庸置疑。社会保障既是一项基本人权，也是一项不错的经济政策。社会保障能够显著缓解贫困和减少不平等，也有利于维护政治稳定、增强社会凝聚力。而且，社会保障还可以通过对家庭收入的支持，扩大国内消费，从而促进经济增长。在当前经济增长缓慢和全球需求低迷的时期，社会保障的这一作用显得尤为重要。此外，社会保障还能提高人力资本和劳动生产率，成为转型国家促进经济增长的一项关键政策。

自 19 世纪末以来，社会保障和社会福利体系建设取得了显著的进展。从一些欧洲先驱国家早期采取的措施开始，社会保障的广度（以社会保障拓展的领域范围衡量）① 以惊人的速度扩大（ILO，2014a）。今天，大多数国家都已经实行了社会保障立法，但在许多发展中国家，社会保障还只是少数人的福利。

世界各国普遍建立了缴费型的社会保障体系，这主要是因为人们预计正规部门就业人员将不断增长，他们能够持续缴费。然而，自 20 世纪 80 年代以来，大多数国家都经历了"无就业增长"，社会保障参保人数并没有如预期那样增加。这导致了非缴费型现金转移项目的快速发展，特别是在发展中国家，对缴费型社会保障体系起到了补充作用。

社会保障的强有力作用也导致其成为发展议程的前沿话题。因此，社会保障已经成为国家发展战略的一项关键内容，它有助于缓解贫困、减少不平等，并促进人力资本积累、政治稳定和包容性增长。

2012 年通过的《国际劳工组织社会保障最低标准建议》（第 202 号），代表了全球 185 个不同发展水平的国家的政府、雇主组织和工会在扩展社会保障

---

① 各国通常会根据国情和轻重缓急逐步扩展其社会保障体系。多数情况下，各国创设社会保障体系时，最先建立工伤保险制度，然后引入养老金、残疾和遗属津贴，接着是疾病、健康和生育保险，最后才出台儿童和家庭津贴以及失业保险（ILO，2014a）。

方面的共识。同时，社会保障最低标准也得到了 G20（二十国集团）成员国的支持，并纳入联合国 2015 年制定的可持续发展目标（SDG），即所有国家都承诺，到 2030 年，将社会保障制度扩展到覆盖全民，包括建立最低保障标准。①

超过 30 个发展中国家已迎难而上，将普及社会保障的愿景变为现实，其中包括阿根廷、玻利维亚、博茨瓦纳、巴西、佛得角、智利、中国、哥伦比亚、哈萨克斯坦、基里巴斯、科索沃、吉尔吉斯斯坦、莱索托、马尔代夫、毛里求斯、蒙古、纳米比亚、尼泊尔、萨摩亚、塞舌尔、南非、斯威士兰、桑给巴尔/坦桑尼亚、泰国、东帝汶、特立尼达和多巴哥、乌拉圭、乌兹别克斯坦等国。此外，主要发展机构正在共同支持社会保障全民覆盖、社会保障体系/最低标准以及实现联合国可持续发展目标 1.3（SDG1.3）。②

然而，各国面临的短期财政紧缩压力正在对这一全球共识构成挑战。在相当多的国家，财政整顿和调整措施已经影响到许多家庭的生活水平。尽管一些国家已经在消除极端贫困方面取得了巨大成就，但是积贫积弱现象仍普遍存在。更有甚者，许多高收入国家的贫困现象也在增多。此外，发达国家和发展中国家的不平等现象仍很突出且呈现不断上升的趋势，这正在引起极大的关注。世界各国在积极应对全球金融危机不利影响的时候，又面临着更深层次的社会危机，突出反映为政府合法性的丧失（Ortiz et al., 2013）。社会保障措施作为基本的政策工具，可以有效应对这些挑战。

社会保障缓解贫困

缴费型社会保障计划旨在防止个人因年老、残疾、怀孕、失业以及其他生命周期遭遇的风险陷入贫困。总体来看，在大多数欧洲国家，社会转移支出和税收可减少 50% 以上的贫困（见图 1）。在非洲、亚洲、欧洲和拉美，非缴费型收入转移计划也成功地缓解了贫困，效果远快于人们预期的经济政策的"涓滴效应"。尽管收入转移的福利待遇尚不能满足需求，但是适宜水平的收入转移可以帮助人们在一夜之间摆脱贫困。同样重要的是，收入转移在降低贫困深度方面的作用更大。例如，南非的非缴费型收入转移计划已使贫富差距降

---

① 可持续发展目标 1.3。

② 联合国 2030 年可持续发展目标（SDG）共有 17 个目标以及若干子目标，目标 1（SDG1）是"在全世界消除一切形式的贫困"，其子目标 1.3（SDG1.3）是"执行适合本国国情的全民社会保障制度和措施，包括最低标准，到 2030 年在较大程度上覆盖穷人和弱势群体"。——译者注

低了三分之一以上（Woolard、Harttgen and Klasen，2010），墨西哥的 Oportunidades 计划已使贫困人口减少了 10%，贫困深度降低了 30%（Skoufias and Parker，2001）。据报道，美国食品援助计划也使极端贫困家庭数量减少了一半（Center on Budget and Policy Priorities，2014）。

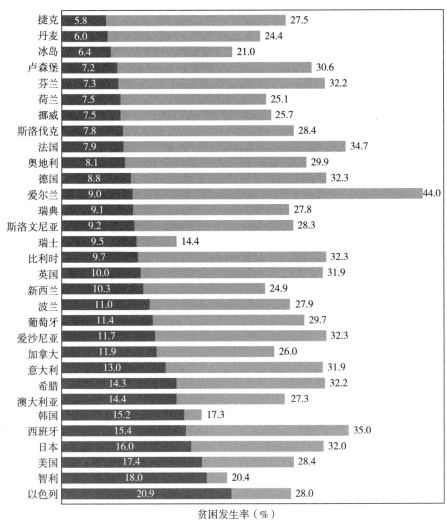

图1　OECD 国家实施税收和社会保障计划前后的贫困发生率

注：相对贫困线设定为家庭人均收入中位数的 50%。

资料来源：ILO（2014a），基于 OECD 的收入分配数据库。

此外，强有力的证据表明，社会保障对饥饿和营养①、教育②、健康③以及就业④具有积极的干预作用。因此，高水平的社会保障往往伴随着低贫困率，也就不足为奇了（见图2）。

社会保障对减少不平等也至关重要

社会保障通过减贫和改善人力资本，成为缩小发展差距和减少形形色色不平等的有效工具。例如，阿根廷于2009年推出的普惠儿童津贴，预计使该国不平等程度降低约5%（Bertranou and Maurizio，2012；ILB，2015b）。据估计，1999—2009年间，巴西Bolsa Familia计划使该国收入不平等程度降低了16%（Soares et al.，2010）。科尔尼亚（Cornia，2014）在更综合的水平上估计，2002—2012年间，拉美国家的社会保障转移支付对减少不平等的贡献为15%～30%。⑤

此外，基于性别的社会保障计划可以成为对妇女赋能的有效机制，而对因历史因素处于弱势的群体提供收入转移支付可以减少横向不平等。社会保障公共支出与不平等（以基尼系数表示）之间的相关性虽然不像与贫困那样显著，但仍存在较强的相关关系，即较高水平的社会保障支出往往伴随着较低的不平等程度（见图3）。

---

① 在非洲、亚洲和拉美，现金转移支付计划已被证明可以改善食物消费的数量和多样性，并在经济危机期间保障食物消费需求；墨西哥、马拉维和哥伦比亚的计划显示，发育不良儿童的人数有所减少（Yablonski and O'Donnell，2009；Tirivayi，Knowles and Davis，2013）；而南非领取年金家庭的儿童比未领取年金家庭的儿童平均长高5厘米（Case，2001）。

② 孟加拉国、巴西、柬埔寨、厄瓜多尔、埃塞俄比亚、马拉维、墨西哥、尼加拉瓜、巴基斯坦、南非和土耳其的现金转移计划都显示儿童入学率和/或出勤率显著增加（Adato and Bassett，2008）。

③ 由于医疗费用自付部分给患者带来沉重负担，因此需要公共财政为医疗体系提供支持，以防止家庭因病致贫。世界卫生组织的跨国研究表明，可以通过降低医疗系统的自付比例实现这一点（Xu，Evans and Kawabata，2003）。

④ 社会保障在为所有人创造有质量的充分就业以及体面工作方面发挥着重要作用，女性和青年都将受益，有关措施包括现金转移支付、积极的劳动力市场政策、医疗保险和家庭支持政策以及提供求职费用，为育儿者提供支持，这一点对女性就业特别重要。在南非，家庭经济情况相似的人口中，领取现金转移支付的人比未领取的人的劳动参与率高13%～17%，其中，女性之间的差异最大（Economic Policy Research Institte，2004）。美国一项最新研究表明，对贫困家庭儿童实施食物援助，可以使他们成年后的年平均收入增加3 000美元，年平均工作时间增加150个小时（Center on Budget and Policy Priorities，2014）。

⑤ 关于拉美社会保障体系的最新介绍，参见Ocampo and Gomez-Arteaga（2016）。

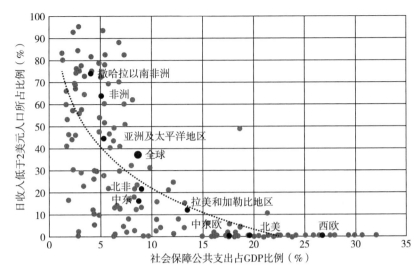

图2　2014年社会保障支出和贫困发生率

注：$R^2 = 0.5326$。社会保障公共支出与贫困之间的关系是复杂的，其中涉及多种因素。需要指出的是，按照购买力平价计算的 1~2 美元的绝对贫困线对高收入国家是没有意义的；选取这个标准的目的是更好地展示国家之间的可比性。

资料来源：ILO（2014a）。社会保障公共支出：基于 IMF、OECD、Eurostat、ILO、联合国拉美和加勒比经济委员会（UN ECLAC）、亚洲开发银行（ADB）和各国的数据。贫困率数据来自《世界发展指标》（World Bank）。

社会保障公共支出的大头是缴费型计划，与通常只针对贫困人口提供较低福利待遇的非缴费型现金转移支付相比，缴费型计划提供的福利待遇更高且可预期。雇主、雇员缴费是社会保障体系的主要资金来源，但各国之间差异也很大（参见图4）。有些国家的社会保障支出几乎全部来自缴费型计划，而另一些国家的社会保障支出则更多地来自公共预算支持。

重点是，非缴费型和缴费型公共计划对减少不平等都至关重要。非缴费型计划是由国家预算向特定群体（例如穷人、老年人）或所有公民（全民基本收入）提供的直接现金转移支付。缴费型公共计划通过两种机制发挥再分配作用：（1）雇主向雇员的收入转移，（2）这些计划通常旨在实现从持久收入较高群体向较低群体的收入转移。

表1展示了世界各国社保缴费情况。通常来讲，雇主缴费远多于雇员缴费。从世界平均水平看，雇主缴费为工资的14%，雇员缴费为工资的7%。需要注意的是，雇主的社保缴费其实是一种延迟支付的工资。

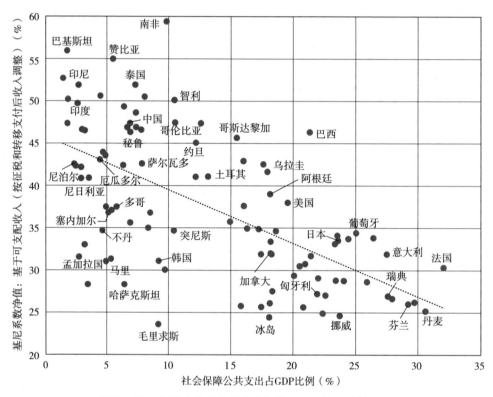

图3　2014年社会保障公共支出与收入不平等程度的关系

注：$R^2 = 0.3893$。

资料来源：ILO（2014a）。社会保障公共支出：基于IMF、OECD、Eurostat、ILO、联合国拉美和加勒比经济委员会（UN ECLAC）、亚洲开发银行（ADB）和各国的数据。基尼指数来自《世界发展指标》（World Bank；Solt，2013）。

　　从历史上看，公共社会保障制度也旨在实现从持久收入较高群体向较低群体的收入转移。再分配程度因国家而异，但都有助于减少不平等。

　　然而，自从20世纪80年代一些国家引入个人账户之后，社会保障制度的再分配机制遭到了破坏。世界银行是这一改革的支持者，泛美开发银行、经济合作与发展组织紧随其后。这些机构积极推动东欧和拉美一些国家引入个人账户、实行缴费确定型（取代待遇确定型），实施社会保障私有化或部分私有化等改革。时至今日，参与改革的许多国家已经进行了纠偏，但是有关观点在国际金融机构的政策讨论中依然存在。

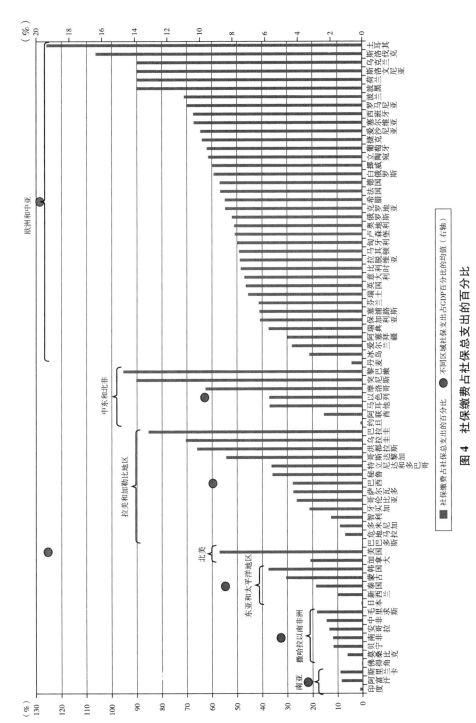

图 4　社保缴费占社保总支出的百分比

资料来源：Ortiz et al.（2017）。

■ 社保缴费占社保总支出的百分比　● 不同区域社保支出占GDP百分比的均值（右轴）

155

2010—2016 年的不同趋势：扩张与紧缩

全球金融危机以及大衰退有力地证明了社会保障作为经济社会发展必备要件的重要性。在危机的第一阶段（2008—2009 年），社会保障在扩张性应对措施中发挥了强有力的作用。约 50 个高收入和中等收入国家宣布了财政刺激计划，总额达 2.4 万亿美元，其中大约四分之一用于逆周期的社会保障投资（Ortiz and Cummins，2012）。

表 1　2015 年前后的社会保障缴费率　（单位：%）

国家和地区	雇员	雇主	总计
美洲			
安提瓜和巴布达	7.5	9.5	17
阿根廷	14	21.5[d]	35.5
巴哈马	4.4	6.4[d]	10.8
巴巴多斯	9.18	10.43[d]	19.61
伯利兹	[e]	[e]	[e]
百慕大	5[f]	5[d,f]	10[f]
玻利维亚	12.71	27.71[d,g]	39.42
巴西	8	21[d,h]	29
英属维尔京群岛	4	4.5[d]	8.5
加拿大	6.83	7.582[d,i,j]	14.412
智利	17.65	4.61[d]	22.26
哥伦比亚	8	28.848	36.848
哥斯达黎加	9.17	17.42[d]	26.59
古巴	1	12.5	13.5
多米尼克	4.5	7.25[d]	11.75
多米尼加	5.91	15.39[d]	21.3
厄瓜多尔	8.64	10.36	19
萨尔瓦多	9.25	12.05	21.3
格林纳达	4	5[d]	9

国家和地区	雇员	雇主	总计
危地马拉	4.83	10.67	15.5
圭亚那	5.6	8.4	14
海地	6	8[d]	14
洪都拉斯	3.5	7.2[d]	10.7
牙买加	2.5	2.5[d,j]	5
墨西哥	2.4	31.3[d,j]	33.7
尼加拉瓜	6.25	14.5[d]	20.75
巴拿马	9.75	12.25[d]	22
巴拉圭	9	14	23
秘鲁	13[m]	9.63[d]	22.63
圣基茨和尼维斯	5	6[d]	11
欧洲			
阿尔巴尼亚	11.39	16.51	27.90
安道尔	5.5	14.5	20.0
奥地利	17.20	25.15	42.35
白俄罗斯	7.0	34.3	41.3
比利时	13.07	24.80	37.87
保加利亚	12.9	17.8	30.7
克罗地亚	20.0	15.2	35.2
塞浦路斯	7.8	7.8	15.6
捷克	11	34	45
丹麦	8	0	8
爱沙尼亚	4	34	38
芬兰	8.41	22.19	30.60
法国	13.2	37.5	50.7
德国	20.175	20.575	40.75
希腊	12.05	23.60	35.65

（续表）

国家和地区	雇员	雇主	总计
格恩西岛	6.0	6.5	12.5
匈牙利	16	27	43
冰岛	4.00	15.79	19.79
爱尔兰	4.00	4.25	8.25
马恩岛	11.0	12.8	23.8
意大利	9.19	33.68	42.87
泽西岛	6.0	6.5	12.5
拉脱维亚	10.50	23.59	34.09
列支敦士登	12.55	15.90	28.45
立陶宛	9.00	31.17	40.17
卢森堡	12.70	11.95	24.65
马耳他	10	10	20
摩尔多瓦	6	23	29
摩纳哥	6.55	23.48	30.03
荷兰	22.70	19.07	41.77
挪威	8.2	14.1	22.3
波兰	22.71	19.38	42.09
葡萄牙	11.00	23.75	34.75
罗马尼亚	16.5	28	44.5
俄罗斯	0	30.2	30.2
圣马力诺	6.3	31.0	37.3
塞尔维亚	19.9	17.9	37.8
斯洛伐克	13.4	33.2	46.6
斯洛文尼亚	22.10	16.63	38.73
西班牙	6.25	31.13	37.38
瑞典	7.00	31.42	38.42
瑞士	13.25	13.35	26.60

国家和地区	雇员	雇主	总计
土耳其	15.0	21.5	36.5
乌克兰	3.6	36.1	39.7
英国	11.1	13.8	24.9
非洲			
阿尔及利亚	9	25	34
贝宁	3.6	16.4[c]	20
博茨瓦纳	0	0[e]	0
布吉纳法索[f]	5.5	16[c,e]	21.5
布隆迪[f]	4	9[c,e]	13
喀麦隆[f]	2.8	12.95[c,e]	15.75
佛得角[f]	8	17[c,e]	25
中非[f]	3	19[c,e,g]	22
乍得[f]	3.5	16.5[c,e,g]	20
刚果（布）[f]	4	20.28[c,e,g]	24.28
刚果（金）	3.5	9[c,e]	12.5
科特迪瓦[f]	6.3	15.45[c,e]	21.75
吉布提[f]	4	15.7	19.7
埃及[f]	14	26[e]	40
赤道几内亚[h]	4.5	21.5	26
埃塞俄比亚	7	11	18
加蓬[f]	5	20.1[c,e,g]	25.1
冈比亚[f]	5	30[e]	35
加纳	5.5	13[e]	18.5
几内亚[f]	5	20[c,e,g]	25
肯尼亚[f]	5	5[e]	10
莱索托	0	0[e]	0
利比里亚	3	4.75[e]	7.75

（续表）

国家和地区	雇员	雇主	总计
利比亚	5.25	12.95	18.2
马达加斯加[f]	1	13[e,g]	14
马拉维	0	0[e]	0
马里[f]	6.66	17.9[e,g]	24.56
毛里塔尼亚[f]	3	14[c,e,g]	17
毛里求斯[f]	4	6[e,k]	10
摩洛哥[f]	6.29	18.5[c,e]	24.79
纳米比亚[f]	0.9	0.9[e,k]	1.8
尼日尔[f]	5.25	15.4[c,e,g]	20.65
尼日利亚	7.5	8.5[e]	16
卢旺达[f]	3	5[e]	8
圣多美和普林西比	4	6	10
塞内加尔[f]	11	23[e,g]	34
塞舌尔	1.5	1.5[l,m]	3
塞拉利昂	5	10[e]	15
南非[f]	1	1[e,k]	2
苏丹	8	19[e]	27
斯威士兰[f]	5	5[e]	10
坦桑尼亚	10	10	20
多哥	4	17.5[e,g]	21.5
突尼斯	8.8	15.45[e,n]	24.25
乌干达	5	10[e]	15
赞比亚[f]	5	5[e]	10
津巴布韦	3.5	3.5[e]	7
亚太地区			
亚美尼亚	8	0[b]	8[b]
澳大利亚	0	9.5[b]	9.5[b]

国家和地区	雇员	雇主	总计
阿塞拜疆	3	22[c]	25[c]
巴林	7	13	20
孟加拉国	0[c]	0[c]	0[c]
文莱	8.5	8.5[b]	17[b]
缅甸	6	7	13
中国	9	24[c]	33[c]
斐济	8	8[c]	16[c]
格鲁吉亚	0	0[b,c]	0[b,c]
中国香港	5	5[c]	10[c]
印度	13.75	21.25	35
印尼	2.5	8[c]	10.5[c]
伊朗	7	23[c]	30[c]
伊拉克	4.1	12.9	17
以色列	0.39	3.43	3.82
日本	9.237[b]	9.987[b]	19.224[b]
约旦	6.5	12.25	18.75
哈萨克斯坦	10	0[b]	10[b]
基里巴斯	7.5	7.5[c]	15[c]
科威特	5.5	10.5	16
吉尔吉斯斯坦	10	15.25	25.25
老挝	4.75	5.25	10
黎巴嫩	0	14.5	14.5[c]
马来西亚	12	14.75	26.75
马绍尔群岛	7	7	14
密克罗尼西亚	7.5	7.5	15
尼泊尔	10	10[c]	20[c]
新西兰	0	0[b]	0[b]

（续表）

国家和地区	雇员	雇主	总计
阿曼	7	11.5	18.5
巴基斯坦	1	11	12[c]
帕劳	6	6	12
巴布亚新几内亚	6	8.4	14.4
菲律宾	3.63	7.37[b]	11[b]
卡塔尔	5	10[c]	15[c]
萨摩亚	5	6[c]	11[c]
沙特阿拉伯	10	12	22
新加坡	20	16[c]	36[c]
所罗门群岛	5	7.5[c]	12.5[c]
韩国	5.195	6	11.195
斯里兰卡	8[b]	12[c]	20[b,c]
叙利亚	7	17.1[c]	24.1[c]

注：此表仅提供概览，不同社会保障计划、不同国家之间的缴费率不能直接比较。缴费率根据缴费占收入的百分比计算。如果需要全面了解老年、残疾和遗属计划，疾病和生育，工伤、失业保险以及家庭津贴的缴费情况，可在国际社会保障协会（ISSA）和国际劳工组织（ILO）的社会保障平台查询。

（a）包括老年、残疾和遗属计划，疾病和生育，工伤、失业保险和家庭津贴。在某些国家，社保缴费并未涵盖所有这些计划，有时只反映特定群体比如工薪阶层的缴费情况。如果不同群体的缴费率有所差异，一般采用平均缴费或者最低缴费率。（b）缴费只为养老福利融资。（c）雇主支付家庭津贴的所有费用。（d）政府支付老年、残疾和遗属计划的全部费用。（e）雇主支付工伤保险的所有费用。（f）某些项目的缴费额有上限。（g）雇主支付生育津贴的所有费用。（h）至少是两年以前的数据。（i）也包括其他计划的缴费率。（j）无残疾或遗属计划，老年保障计划尚待实施。（k）政府支付家庭津贴的全部费用。（l）政府支付疾病和生育津贴的全部费用。（m）政府支付工伤保险的全部费用。（n）全国社会保障基金支付失业保险的全部费用。

资料来源：Ortiz et al.（2017），基于美国社会保障总署（SSA）、国际社会保障协会（ISSA）和ILO的数据。

　　在危机的第二阶段（2010年以后），尽管大量的弱势群体急需公共支持，但是许多国家仍然实施了财政整顿，仓促出台支出紧缩措施。

　　2016年，公共支出调整幅度急剧扩大。IMF预计，有132个国家调低了公共支出占GDP的比例，其中86个是发展中国家。此外，全球30%的国家正在采取过度的财政紧缩政策，将公共支出削减至低于危机前的水平（Ortiz et al.，2015）。

高收入国家削减各种社会保障福利，并限制人们获得高质量的公共服务。这些措施连同持续的失业、低工资和高税收一起，导致贫困或社会排斥的增加，影响了欧盟 1.23 亿人口（占总人口的 24%），其中许多是儿童、妇女和残障人士。在至少 14 个欧洲国家，养老金领取者未来获得的养老金待遇将更低。几家欧洲法院已认定这些紧缩措施违宪。而且，政策调整成本只能转嫁给那些正在为就业少、收入低而苦苦挣扎 5 年以上的人群。家庭收入水平低迷，导致更低的国内消费和需求，进而拖累经济复苏。二战之后的一段时期里，欧洲社会模式曾经显著缓解了贫困，并促进了经济繁荣和社会凝聚力，但上述短期改革措施已经侵蚀了这些成就（ILO，2014b；Vaughan-Whitehead，2014）。

大多数中等收入国家正在勇往直前地扩展社会保障体系，同时也为其需求驱动的经济增长战略服务：这是一条十分有益的发展经验。例如，中国已经实现了养老保险全民覆盖和工资持续增长（ILO，2015a）。自 2009 年以来，巴西加快扩展社会保障覆盖面和最低工资。国际劳工组织一项对各国在 2010 年 1 月至 2015 年 12 月间出台的社会保障政策/改革的分析表明，704 项措施主要发生在中等收入国家，大多数是扩大覆盖面（212 项），其次是增加福利待遇（58 项）（ILO，2016b）。

一些低收入国家主要通过福利待遇较低的严格定向的临时救济措施来扩展社会保障。其中，一些国家正在讨论将建立社会保障最低标准作为社会保障体系建设的内容。

然而，这些积极的扩展趋势正受到短期调整压力的冲击，这主要来自 IMF 的政策建议，也受一些新保守主义政府（例如巴西、美国和英国）的推动，他们支持削减福利。与公众的一般观感相反，紧缩措施并不仅限于欧洲；许多发展中国家也采取了财政调整措施，包括取消或削减食品和燃料补贴；削减教师、医生和社会工作者的工资或设定上限；缩小社会保障福利待遇的受益面（事实上是社会保障紧缩，而社会保障在经济衰退时往往最为急需）；以及实施养老保险和医疗保险制度改革等（见表 2）。所有这些措施都弱化了社会福利体系。自 2010 年以来，政策调整成本被转嫁给了特定人群，这些人已经忍受了 6 年以上的失业、低收入、公共产品和服务削减等情况。简而言之，脆弱家庭受紧缩措施的影响最大，正是他们承担着"复苏"成本，但是"复苏"却将他们排除在外。

表2 2010—2015 年 183 个国家采取紧缩措施的情况（实施有关措施的国家数量）

地区/收入	削减补贴	削减/限制工资	提高救助瞄准率	养老保险改革	劳动力市场改革	医改	提高消费税	私有化
东亚和太平洋地区	15	18	10	6	9	2	18	8
东欧/中亚	14	17	18	18	12	9	14	11
拉丁美洲/加勒比	14	14	13	17	11	2	18	3
中东和北非	10	8	7	5	6	3	9	2
南亚	6	7	5	2	3	0	7	3
撒哈拉以南非洲	38	32	15	12	8	6	27	13
发展中国家	97	96	68	60	49	22	93	40
高收入国家	35	34	39	45	40	34	45	15
所有国家	132	130	107	105	89	56	138	55

资料来源：Ortiz et al.（2015），基于对 2010 年 2 月至 2015 年 2 月间 616 份 IMF 国别报告的分析。

此外，尽管财政整顿措施带来的成本节约有助于债务偿还和（或）维持宏观经济平衡，但它们本身并不能带来经济增长。社会保障对家庭收入的支持，对于维持消费和扩大国内需求至关重要。适宜水平的社会保障是实现包容性增长和经济复苏战略的重要条件。然而，在欧洲大部分国家尤其是那些正在进行结构性调整的国家，由于高失业率、低工资和社会保障支出削减，家庭可支配收入正在下降，这反过来加剧了低消费和低增长（ILO，2014a）。

联合国已多次警告，紧缩措施可能会导致全球经济进一步衰退并加剧不平等（UN，2012；Ortiz et al.，2015）。决策者必须清醒认识到这些糟糕的调整策略带来的巨大的人道成本和发展代价，并考虑其他政策，以尽快实现社会经济复苏和可持续发展目标。

关于养老金充足性和可持续性的辩论：对公共社会保障制度的抨击

强有力的证据表明，公共养老金在减少不平等方面发挥着关键作用。在社会保障制度发达的国家，公共养老金发挥的作用尽管不如工资，后者毕竟是家庭收入的主要来源，但其作用要远远大于税收和非缴费型现金转移支付（Behrendt and Woodall，2015，见图 5）。

但是，在许多低收入和中等收入国家，由于长期存在的社会保障覆盖面不足，只有一半的老年人能够领取养老金。为了解决这个问题，许多发展中国家通过建立覆盖全民的非缴费型社会养老金制度来提供基本生活保障，并取得了积极进展（如玻利维亚、博茨瓦纳、莱索托、纳米比亚、尼泊尔、斯威士兰、东帝汶）。其他国家（如巴西、佛得角、中国、泰国、南非）则通过将缴费型计划扩展至之前未覆盖的人群，辅以不断扩展的非缴费型养老金，实现社会保障的全覆盖（ILO，2014b，2015a，2016a）。

不过，确保养老金的充足性在发达国家和欠发达国家都面临着巨大的挑战，尤其是许多国家都将控制公共养老金的成本作为财政紧缩的重要内容。考虑到养老金通常是社会保障支出的大头，各国政府（和 IMF）为了寻求财政结余，正在考虑对其进行改革。① 大约有 60 个发展中国家、45 个高收入国家正在考虑开展养老金制度改革，有关措施包括提高退休年龄、严格资格条件、降

---

① 全球范围内，超过一半的社会保障支出（除去卫生保健支出）用于发放养老金，相当于全球 GDP 的 3.3%。在低收入国家，针对老年人的社会保障支出占 GDP 的 0%~2%，而在高收入的西欧国家则为 11%（ILO，2014a）。

低替代率、取消最低保障、停止养老金待遇随工资和物价指数化调整。有的国家还进行了结构性改革，例如引入个人账户和缴费确定型制度（Ortiz et al.，2015）。这些调整正在削弱养老金制度的充足性，降低其防范老年贫困的能力。令人震惊的是，在至少14个欧洲国家，养老金领取者未来获得的养老金将更低（ILO，2014a）。几家欧洲法院已认定这些财政缩减和改革措施违宪。①

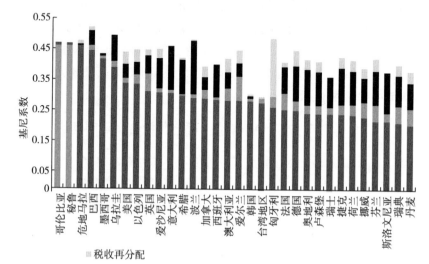

图5　公共养老金减少不平等

资料来源：Behrendt and Woodall（2015）。

以往的养老金改革通常将财务可持续性置于充足性之上，然而，根据最近的发展趋势，保证养老金的充足性将是一个关键问题（ILO，2014b；OECD，2015）。在许多国家，养老金替代率有明显的下降趋势，以至于仅能提供最低程度的社会保障。对养老金水平的长期预测显示，未来欧盟的养老金水平将显

---

① 在一些欧洲国家，法院对财政整顿或紧缩措施进行了合宪性审查。2013年，葡萄牙宪法法院裁定，国家预算中四项涉及公务员和养老金领取者的财政整顿措施是非法且违宪的。拉脱维亚2010年预算提出新的缩减支出和提高税收的措施，包括将养老金支付削减10%而对在职年金领取者的支付则减少70%，结果宪法法院裁定，削减养老金侵害了公民的社会保障权利，最后削减计划被撤销。罗马尼亚2010年5月提出的削减15%养老金的措施也被宣布违宪（OHCHR，2013；ILO，2014a）。

著下降（European Commission，2015）。养老金不充足将对家庭收入和总消费支出产生负面影响，并扩大不平等。

如前所述，养老金改革并非新鲜事物。20世纪80年代以来，"社会保障危机"或"老龄化危机"的断言一直被用作养老金改革的理由，并导致社会保障基金大规模私有化。当时，国际劳工组织和包括约瑟夫·斯蒂格利茨在内的许多人都反对私有化改革（Stiglitz and Orzag，1999）。尽管争议很大，但仍然有23个拉美国家和东欧国家实施了这项改革。

不过，近年来，一些国家正在对过往的私有化改革进行纠偏（ILO，2014a；Mesa-Lago，2014）。在一些拉美国家，私有化改革在实施之前已被宣布违宪或者被废止，公共养老金制度仍然得以保留。在阿根廷（2008）、玻利维亚（2010）、波兰（2013）、匈牙利（2010）和哈萨克斯坦（2013）等国，已经发生了强制的积累型私人养老金被全部或部分再国有化的情况。一些教训值得吸取：

- 基于个人账户的私人养老金制度在扩大覆盖面和提高待遇水平方面表现不佳。总的来说，个人账户制度的名声并不太好，也不大受欢迎。
- 私有化并未减轻财政支出压力，相反，从公共养老金制度向私人养老金制度转变的艰巨性被严重低估，因为这往往造成新的和更大的财政支出压力（例如，在波兰和匈牙利，私有化改革导致每年增加相当于GDP1.5%的赤字），这对大多数政府来说是难以承受的。
- 高额管理成本（包括向私人养老基金支付的高额管理费）进一步拉低养老金的替代率。
- 金融市场波动的风险由养老金领取者承担。正像全球金融危机期间发生的情况一样，一旦金融市场崩溃，他们将陷入失去毕生储蓄的危机；在某些情况下，例如在智利，国家（纳税人）作为托底者，不得不为养老金制度买两次单：既要为公民提供基础养老金，又要为过低的养老金待遇提供补助。
- 个人账户加剧性别不平等。
- 养老金私有化为养老基金管理者创造了攫取高额利润的机会，并推动资本进一步向少数大企业和大银行集中，从而加剧不平等。

老龄化不是危机，而是在老年看护和"银发"经济领域创造就业的机会

由于健康、营养和社会福利的改善，老龄化已成为一种全球现象。虽然高收入国家的老龄化程度最深，但发展中国家的老龄化速度更快。

有人将老龄化描述为一场危机，他们将老年人仅仅视为社会负担，因而主张改革养老金制度，这一主张明显是失之偏颇的。相反，我们迫切需要扩展养老金和医疗保健制度，包括长期护理制度，提高福利待遇。事实上，在全球范围内，只有50%的老年人能够享受某种形式的养老金，目前老年人主要还是由亲属照料，大部分是女性；然而，照料工作通常得不到足够的重视，即使有报酬，也少得可怜。

为满足不断增长的对护理人员以及其他专业照料人员的需求，越来越多的劳动力从发展中国家流向发达国家。这形成了一条国际"劳动力供应链"，即来自低收入国家贫困家庭的女性，为高收入国家具有支付能力的老年人提供护理服务，以满足他们的照料和情感需求。老年看护服务的质量和数量有巨大的扩张潜力，预计老年看护经济将成为未来几年创造就业机会的主要领域（ILO，2014b；Scheil-Adlung，2015；WHO，2015）。

对人口老龄化的讨论主要集中在经济挑战上：养老金支出压力增加，医疗保健成本上升，以及劳动人口减少，但很大程度上忽略了其带来的经济机会。根据OECD（2014）和世界经济论坛（WEF，2016）的报告，越来越多的企业已经觉察到"银发"经济领域存在大量的商机：医疗保健和长期护理的产品和服务（老年照料、助听器、药物、居家透析技术以及整合各类生活辅助功能的智能家居）；为60岁以上的消费者提供休闲、改善生活品质和日常生活方面的支持（假日定制如带有医生的游轮、特定年龄段的化妆品、无人驾驶汽车、适宜不同年龄人口的电话/电视等）；食品行业（改善口味和提供软性食品）；以及在建筑和交通行业中更加强调适老化设计（无障碍通用设计）。

投资照料经济将创造数百万个长期护理、老年看护和儿童保育的工作岗位。同时，也有利于将女性从传统的无偿家庭照护中解放出来，提高劳动参与率。

最低保障收入与全民基本收入

近几十年来，导致不平等的主要驱动因素是劳动报酬比例下降。除亚洲

外，世界所有地区自20世纪80年代新自由主义改革以来，劳动报酬比例都大幅下降。此外，联合国全球政策模型的预测显示，除非在提高工资和社会保障缴费（一种延迟的工资）方面采取积极措施，否则劳动报酬状况将不会改善（见图6）。

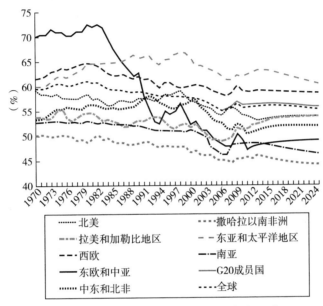

图6 劳动报酬比例：历史数据和未来预测

注：劳动报酬比例定义为工资、社保缴费和其他混合收入占GDP的百分比。

资料来源：基于联合国全球政策模型的预测，2015年为基线。

这也让我们批判性地审视国际金融机构、OECD和新保守主义政府提出的进一步改革劳动和社会保障的政策主张。从全球金融危机爆发以来，这些政策主张就不断加强，起先是聚焦劳动力市场的灵活性和削弱集体谈判（修订最低工资标准、对工资与物价同步增长进行限制、削弱集体谈判、增强企业解雇员工的能力），最近则聚焦减少社保缴费。

IMF（2016）建议削减所谓的劳动税（包括雇主的社保缴费）①，并将它作为对企业的一种超常刺激措施，以期引导私人部门激发经济活力，而不是试

① 所谓的劳动税是一个微观经济学概念，从企业的视角看，它包括税收和雇主的社保缴费。国际劳工组织反对这个概念；考虑到社保缴费是延期支付的工资而不是税收，这些性质不同的概念不应混淆使用。

图改革当前不完善的宏观经济框架。此外，养老金改革方案被推介到全球 60 个发展中国家和 45 个高收入国家，包括提高雇员缴费率、严格资格条件、提高退休年龄和降低福利待遇等其他前面提到的改革措施。这些政策很可能扩大贫困和不平等，并且削弱社会福利制度。而在大衰退期间，社会福利制度本应给人们提供更多的公共支持。

这些政策主张中最激进的版本是"新自由主义福利模式"，其基本框架是为有支付能力者提供私人保险、为无支付能力者提供最基本的公共支持。后者反映了欧洲三驾马车①关于最低保障收入政策的导向；尽管它的名字很吸引人，但引入最低保障收入事实上是对社会保障福利的调整，它常常是停止基于权利的普惠福利（如残疾人福利），而将其转变为仅面向最贫困群体的定向福利。

另外，对这些保守政策最激进的反对意见来自全民基本收入的倡导者。全民基本收入旨在向所有公民提供普遍且无附加条件的现金转移支付。加拿大、芬兰、印度、纳米比亚和荷兰都进行了试点。这个计划的关键问题是：

- 全民基本收入的福利水平：如果福利待遇比较充分，例如设定在相对贫困线，基本收入将是一个非常重要的再分配机制，而且是减少不平等、创造无剥削社会的重要工具。如果全民基本收入的待遇水平低于贫困线，就只能发挥收入补充作用，就像在阿拉斯加，那里的居民每年都会获得石油开采的分红（2015 年，每位居民获得 2 000 美元年金）。② 然而，即使全民基本收入的待遇水平设定在贫困线，对于那些毕生为社保缴费的人来说，也实在是太低了，对于残疾人以及需要得到进一步帮助的人来说也非常低。

---

① 指德国、法国和英国。——译者注
② 欧盟 2015 年的最低贫困线（收入中位数的 40%）可供参考，罗马尼亚为每人每月 77 欧元，波兰为 185 欧元，希腊为 251 欧元，西班牙为 445 欧元，德国为 689 欧元，法国为 714 欧元，英国为 698 英镑，芬兰为 792 欧元。对于缴费型计划来说，最低贫困线的水平实在太低了，人们基于对未来生活的预期缴费，当然期待得到更好的福利待遇。因此，如果实施全民基本收入，则需要（1）更高的老年人福利待遇（例如 200%），并通过（2）更低的儿童福利待遇（例如 50%，这是联合国儿童基金会在印度试点全民基本收入时设定的水平）（3）对当前的养老金领取者和缴费者设计过渡计划。对于未来的养老金领取者，可以建立自愿性的公共养老金制度，让人们可以为养老储蓄。

- 全民基本收入的低管理成本：全民收入转移计划相比当前一些公共计划的优点在于，其提供保障收入所需的行政机构和管理成本将小得多。

- 全民基本收入的高财政成本：与当前财政成本较低的社会保障体系相比（图4），全民基本收入的财政成本将非常高（图7），而在当前财政紧缩的情况下，全民基本收入不太可能真正实施。①

- 对未来全民基本收入增长/指数化的新国家立法：许多工会组织对以废除现有社会保障体系为代价建立全民基本收入持保留意见，因为社会保障体系具有立法保障而全民基本收入没有。这就会存在如下风险：如果未来没有必要的指数化调整，全民基本收入的待遇水平可能会逐渐降低。

全民基本收入计划要获得成功，就必须满足如下条件：（1）通过包括政府、雇主、工会和公民社会在内的合法的全国性对话，广泛凝聚共识；（2）设置适宜的待遇水平，如劳动年龄人口的基本收入水平至少应该不低于贫困线，老年人基本保障收入的理想水平是劳动年龄人口基本收入水平的两倍，而儿童则为其一半；（3）有充足的投入；（4）通过立法规范，确保未来的待遇保障比较充足；（5）为当前的退休人员设立过渡期，并为残疾人提供额外的支持。

发展政策、再分配和福利国家

这个话题讨论的核心是就业问题。在一些人看来，由于技术进步和所谓的"第四次工业革命"，正规就业岗位缩减、"无就业增长"的趋势在未来将不断加强。因此，社会需要向大量无法找到体面工作、失业或就业不稳定（如数字经济领域的就业者，Uber）的公民提供某些社会保障。

在另一些人看来，如果决策者放弃短期调整政策，转而优先考虑宏观经济政策和行业政策来刺激需求、促进就业和社会经济复苏，则"无就业增长"趋势可以扭转（UN，2008，2012；UNDP，2011；Ortiz and Cummins，2012；Cornia，2014；ILO，2015c；Ortiz et al.，2015）。联合国提出的这一主张支持逆周期政策和更加扩张的公共支出政策，以防止衰退、恢复经济、创造有价值的就业岗位，并重建社会信任。这将为年轻人和那些非正规就业者创造数以百

---

① 总成本减去社保缴费，成本将减少一半以上；比如在欧洲，社保总成本平均为19%（包括缴费），减去雇主和雇员缴费后，成本仅为9%（国际劳工组织计算）。

171

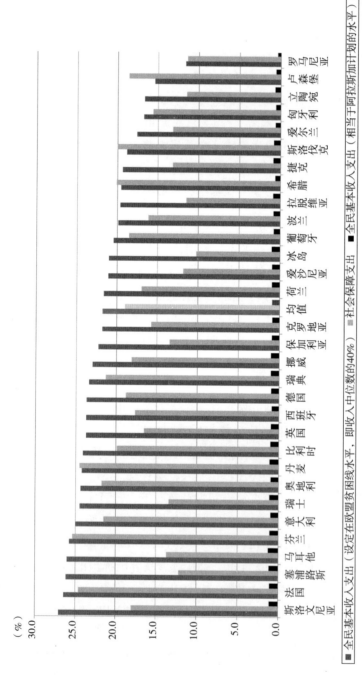

图 7 部分国家全民基本收入与社会保障成本占 GDP 比例的比较

注：假设全民基本收入的构成：为 15～65 岁人口提供的保障是全民基本收入标准的 100%，为儿童（<15 岁）提供的保障为标准的 50%，为老年人（>65 岁）提供的保障是标准的 200%，此外还包括 1% 的管理成本。

资料来源：作者根据 Eurostat，联合国世界人口展望计算所得。

万计的正规就业岗位，包括看护经济和"银发"经济创造的数以百万计的工作机会。当然，同数字经济领域的就业和其他非稳定就业一样，这些新的就业形态也应受到严密的监管。

社会保障是最具再分配性质的公共政策，因为它包括：（1）从国家预算向部分公民的直接现金转移；（2）在缴费型计划中，雇主向雇员的收入转移；（3）制度内的收入转移，公共社会保障制度通常旨在实现持久收入较高群体向较低群体的收入转移。但是，要显著减少不平等，还需在其他领域采取再分配措施（表3）。在许多国家，实物和服务补贴构成福利国家的重要内容，例如免费或有补贴的医疗和教育服务，学生奖学金和教科书补助，免费校餐，公共交通补贴，向消费者提供的能源补贴（例如煤油、燃气、生命线电价等）。许多国家也将粮食安全、粮食补贴以及农村贫困地区分发家畜视为社会保障。

表3　社会保障和福利：对公民提供的实物和服务补贴

农业	粮食安全；食品补贴；对小农户的牲畜与信贷支持
教育	全民免费教育；奖学金；教科书及校服补助；控辍保学计划（比如免费校餐）
能源	消费者补贴（比如烹饪用煤油）；生命线电价
健康	全民免费医疗；医疗保险缴费补贴
住房	低收入群体住房补贴；住房保障
交通和基础设施	公共交通补贴；为居民家庭提供非机动交通的支持（自行车、水牛等）
供水	供水与卫生设施补贴

资料来源：Ortiz and Cummins（2011）。

这些措施通常都有助于减少不平等，应该成为福利国家的重要内容。最重要的是，减少不平等应尽可能避免采取累退的干预措施。然而，在全球金融危机和大萧条期间，累退干预措施却一直都是政策议程的核心，从银行救助到消除补贴、削减/限制工资支出以及劳动和社会保障领域的颠覆性改革。

总之，减少不平等意味着要在21世纪加强而非削弱福利制度，包括：（1）扩展社会保障，实现全民覆盖、待遇水平适宜；（2）放弃紧缩政策，转而优先实施宏观经济政策和行业政策以刺激需求、促进就业和社会经济复苏；（3）投资照料经济，在长期护理、老年看护和儿童保育领域创造数百万个就业机会（这还将提高女性的劳动参与率）；（4）养老金制度再改革，确保养老金充足和老年收入安全；（5）减少非正规就业，将青年和非正规就业群体纳入劳动力市场，并对不稳定的就业形态进行监管（例如，数字经济领域的就业）；（6）提高劳工标准和社会权利，加强集体谈判和社会对话；（7）支持社会保障之外的其他再分配政策，从农业到水资源。

是时候让全球领导人着眼长远，将当前"无就业增长"和不平等的恶性循环转变为经济增长和人类发展共同促进的良性循环。今天，需要另一个"新政"，为21世纪达成公平的社会契约，即通过增加公共投资扩大总需求，促进可持续发展，为人民提供保障，实现全球共同繁荣。

（国务院发展研究中心　单大圣　译　高世楫　校）

参考文献

Adato, M. , and L. Bassett. 2008. "What Is the Potential of Cash Transfers to Strengthen Families Affected by HIV and AIDS? A Review of the Evidence on Impacts and Key Policy Debates. " In *HIV, Livelihoods, Food and Nutrition Security: Findings from Renewal Research*, IFPRI Brief 10. Washington, D. C. : International Food Policy Research Institute.

Behrendt, C. , and J. Woodall. 2015. "Pensions and Other Social Security Income Transfer Systems. " In J. Berg, ed. , *Labour Market Institutions and Inequality: Building Just Societies in the 21st Century*. Cheltenham: Elgar.

Bertranou, F. , and R. Maurizio. 2012. "Semi-conditional Cash Transfers in the Form of Family Allowances for Children and Adolescents in the Informal Economy in Argentina. " *International Social Security Review* 65 (1): 53 – 72.

Case, A. 2001. "Does Money Protect Health Status? Evidence from South African Pensions. " NBER Working Paper No. 8495. National Bureau of Economic Research, Cambridge, Mass.

Center on Budget and Policy Priorities. 2014. "Today's Safety Net Cuts Poverty Nearly in Half, Provides Health Care to Millions, and Has Long-Term Benefits for Children. " In *Chart Book: The War on Poverty at 50*. Washington, D. C. : Center on Budget and Policy Priorities.

Cornia, G. A. , ed. 2014. *Falling Inequality in Latin America: Policy Changes and Lessons*. Oxford: Oxford University Press and United Nations University.

Economic Policy Research Institute. 2004. *The Social and Economic Impact of South Africa's Social Security System*. Cape Town: South Africa Department of Social Development.

European Commission. 2015. *The 2015 Pension Adequacy Report: Current and Future Income Adequacy in Old Age in the EU*. Brussels: European Commission.

ILO. 2014a. *World Social Protection Report 2014/15: Building Economic Recovery, Inclusive Development and Social Justice*. Geneva: ILO.

ILO. 2014b. *Social Protection for Older Persons: Key Policy Trends and Statistics*. Geneva: ILO.

ILO. 2015a. *Country Briefs: Bolivia, Cabo Verde, China, Lesotho Universal Pensions*. Geneva: ILO.

ILO. 2015b. *Social Protection for Children: Key Policy Trends and Statistics.* Geneva: ILO.

ILO. 2015c. *World Employment and Social Outlook—Trends 2015.* Geneva: ILO.

ILO. 2016a. *Country Briefs: South Africa, Thailand, Timor Leste Universal Pensions.* Geneva: ILO.

ILO. 2016b. *Social Protection Monitor.* January 2010 to December 2015. Available at: www. social-protection. org/gimi/gess/ShowWiki. action? wiki. wikiId = 3068; accessed May 24, 2016.

IMF. 2016. *World Economic Outlook: Too Slow for Too Long.* Washington, D. C. : IMF.

Mesa-Lago, C. 2014. *Reversing Pension Privatization: The Experience of Argentina, Bolivia, Chile and Hungary.* Geneva: ILO.

Ocampo, J. A. , and N. Gomez-Arteaga. 2016. *Social Protection Systems in Latin America: An Assessment.* Geneva: ILO.

OECD. 2014. *The Silver Economy as a Pathway for Growth.* Paris: OECD.

OECD. 2015. *Pensions at a Glance: OECD and G20 Indicators.* Paris: OECD.

OHCHR. 2013. *Report on Austerity Measures and Economic, Social and Cultural Rights, Presented to ECOSOC, Substantive Session of 2013, Geneva, 1 – 26 July, E/2013/82.* Geneva: OHCHR.

Ortiz, I. , and M. Cummins. 2011. *Global Inequality: A Rapid Review of Income Distribution in 141 Countries.* New York: UNICEF.

Ortiz, I. , and M. Cummins. 2012. *A Recovery for All.* New York: UNICEF.

Ortiz, I. , S. Burke, M. Berrada, and H. Cortes. 2013. *World Protests 2006 – 2013.* New York: Initiative for Policy Dialogue and Friedrich-Ebert-Stiftung.

Ortiz, I. , M. Cummins, J. Capaldo, and K. Karunanethy. 2015. *The Decade of Adjustment: A Review of Austerity Trends 2010 – 2020 in 187 Countries.* Geneva: ILO, Initiative for Policy Dialogue, and the South Centre.

Ortiz, I. , M. Cummins, and K. Karunanethy. 2017. *Fiscal Space for Social Protection Options to Expand Social Investments in 187 Countries.* Geneva: ILO.

Scheil-Adlung, X. 2015. *Long-Term Care for Older Persons. A Review of Coverage Deficits in 46 Countries.* Geneva: ILO.

Skoufias, E. , and S. Parker. 2001. "Conditional Cash Transfers and Their Impact on Child Work and Schooling: Evidence from PROGRESA Program in Mexico. " FCND Discussion Paper No. 123. International Food Policy Research Institute, Washington, D. C.

Soares, F. , E. Perez Ribas, and R. Osorio. 2010. "Evaluating the Impact of Brazil's Bolsa Familia: Cash Transfer Programs in Comparative Perspectives. " *Latin America Research Review* 45 (2): 173 – 90.

Solt, F. 2013: *Standardized World Income Inequality Database* (SWIID, version 4. 0) . Available at: http: //myweb. uiowa. edu/fsolt/swiid/swiid. html.

Stiglitz, J. , and P. Orzag. 1999. *Rethinking Pension Reform: Ten Myths About Social Security Systems.* Washington, D. C. : World Bank.

Tirivayi, N. , M. Knowles, and B. Davis, B. 2013. *The Interaction Between Social Protection and Agriculture: A Review of Evidence.* Rome: Food and Agriculture Organization.

UN. 2008. *United Nations Policy Notes for National Development Strategies.* New York: UN Department of Economic and Social Affairs.

UN. 2012. *The World Economic Situation and Prospects 2012.* New York: UN Department of Economic and Social Affairs.

UN Conference on Trade and Development. 2011. *Development-Led Globalization: Towards Sustainable and Inclusive Development Paths.* Geneva: UNCTAD.

Vaughan-Whitehead, D. , ed. 2014. *The European Social Model in Times of Economic Crisis and Austerity*

Policies. Geneva：ILO.

WEF Global Agenda Council on Ageing. 2016. *The Silver Economy: How 21st-Century Longevity Can Create Markets, Jobs and Drive Economic Growth. Proposal for the B20.* Geneva：WEF.

WHO. 2015. *World Report on Ageing and Health.* Geneva：WHO.

Woolard, I. , K. Harttgen, and S. Klasen. 2010. "The Evolution and Impact of Social Security in South Africa. " Background Paper to the European Development Report 2010. Robert Schumann Centre for Advanced Studies, Florence.

Xu, K. , D. Evans, andK. Kawabata. 2003. "Household Catastrophic Health Expenditure: A Multicountry Analysis. " *Lancet* 362 （9378）：111 – 17.

Yablonski, J. , and M. O'Donnell. 2009. *Lasting Benefits: The Role of Cash Transfers in Tackling Child Mortality.* London：Save the Children.

法和经济学

Law and Economics

超越法和经济学
立法之外的正当分配

妮可·哈森

传统上，法和经济学学者应用经济学原理分析法律问题（或考虑法律原则如何指导市场发展）。其中一些分析已经超越了积极的建模和预测，成为基于相关分析给出政策建议的规范性任务。例如，亚伊尔·里斯托金认为，中央银行应该考虑使用资本和/或价格控制来实现政策目标（Listokin，2021）。[①]考希克·巴苏建议，当反垄断法在保护消费者免受垄断力量侵害方面既不起作用也没有效率的时候，应当要求企业与全体国民分享利润（Basu，2019）。[②]本文建议，在评估和发展经济模型时，我们可以对模型推导出的可能政策建议

---

* Nicole Hassoun，美国纽约宾汉顿大学（Binghamton University）哲学教授，也是致力于促进基本药物可及性的研究组织 Global Health Impact 的项目负责人，主要研究领域为社会和政治哲学、伦理学。原文"Beyond Law and Economics：Legitimate Distribution without Legislation"收录于 Kaushik Basu 和 Robert C. Hockett 主编的 *Law*，*Economics and Conflict*，Cornell University Press，2021，第 202—210 页。

[①] Yair Listoki，"Law and International Monetary Policy Regimes"，收录于 Kaushik Basu 和 Robert C. Hockett 主编的 *Law*，*Economics and Conflict*，Cornell University Press，2021，第 157—168 页。中文版见《比较》第 121 辑，第 174—184 页。

[②] 在其他文献中，巴苏还建议将企业利润再分配给那些在市场上受到歧视的人，而不是强制执行反对歧视的法律，尽管这种做法可能在许多方面受到影响（Basu，2018）。虽然企业利润再分配和执行反歧视法律这两种做法的结果可能会受到法律变化的影响，而他可能倾向于通过市场机制来实现，而非通过技术官僚的执行来实现。

进行哲学、法学和经济学分析，从而最好地拓展法和经济学的新领域。为了说明这一观点，本文探讨技术官僚何时可以按照这里建议的思路合理地执行其政策方案。在此过程中，本文还将提出一些新的问题以及考虑如何解决这些问题，从而推动政策领域的法和经济学分析。

当中央银行提高利率，或者贸易部长决定将各国列入知识产权观察名单，或者全球基金的专家决定如何计算其干预措施挽救的人数时，他们的决策会极大地影响社会内部和社会之间的资源分配。例如，全球基金的计算是其援助分配方案的一部分。因此，负责计算的专家只需大笔一挥，就能极大地影响数百万人的生活。当中央银行提高利率或贸易部长将某个国家列入其知识产权观察名单时，可能有数百万人受益，也可能有数百万人受损。

技术官僚在何时做出这种决策是正当的？也就是说，何时行使这种政治权力在道德上是容许的？接下来，我们将讨论这一问题。

首先，简要谈一谈正当性，即谁有资格成为技术官僚以及什么才是具有重大分配后果的决策。比如，只有在"某一实体行使政治权力在道德上是正当的"（Buchanan，2002，第689页）情况下，该实体才是正当的。从这个意义上讲，正当性是规范性的而不是描述性的，是道德上的而不是法律上的。并且，如果决策是正当的，受决策约束的人可能不得不遵守决策，但是在下文中，我不会假设正当性将导致遵守决策的义务。[1] 我使用的技术官僚这一术语是广义的，它包括执行者、政策制定者以及其他做出分配决策的人，这些人既非民主选举产生也不是由选举官员任命。[2] 正如我对这个词的使用，大多数技术官僚都有一些可以帮助他们做出良好决策的相关技能，但并非必然如此。同样，他们也不必拥有科学或工业方面的专长。我会假设，如果一个决策会影响

---

[1] 让我进一步解释这里讨论的正当性。我提出的问题是：技术官僚在什么情况下做出具有重大分配后果的决策是道德上允许的？这个问题的答案可能涉及人们在什么情况下应该遵守这些决策。但是，我的问题并不是：在什么情况下，大多数人认为技术官僚做出具有重大分配后果的决策是道德上允许的，以及在什么情况下，他们认为应该遵守这些决策？（Weber，1964；Dworkin，1986；Raz，1986；Rawls，1993；Wellman，1996；Blake，2001；Buchanan，2002；Ripstein，2004；Hassoun，2008）。我也不会问这些决策在什么情况下是合法的（legal）（尽管事实可能证明，技术官僚合法地做出具有重大分配后果的决策在道德上是允许的）。

[2] 也许一个更好的词是"公职人员"或"行政人员"，因为未经选举的司法或军事人员也可能符合这个定义。但是每个词都有其不足，因此我将在下文中继续使用"技术官僚"一词。一个相关的问题是：当行政机构的决策不是由民选代表决定时，这些决策在什么情况下（如果有的话）是正当的？

许多人生活必需的资源分配，那么这个决策就被视为具有重大分配后果。这样的"技术官僚"决策可能包括改变税法、增加国际援助、提高关税等。这些决策的后果可能或多或少是重大的，比如取决于它们影响的生命数量。

关于政府正当性的经典哲学理论有很多，其中一些原则显然适用于技术官僚的决策。例如，一些人认为，如果受决策约束的人都非常好地按决策行事，决策就是正当的（Raz，1986）。根据这些理论，每当决策对人们通过协调行动而获得巨大利益至关重要时，人们都应该遵循这些决策，无论其来源如何。重要的是，有人决定我们应该在道路的左侧还是右侧行驶，而一旦做出了这样的决策，我们就有充分的理由遵守它，但谁决定的并不重要（Simmons，1976；Locke，1980；Kant，1999；Rawls，2007；Hassoun，2008；Peter，2013）。

其他经典哲学理论是否影响技术官僚的正当决策，这一点并不太清楚。在一些理论中，产生决策的过程对决策的正当性至关重要（Benhabib，1994；Buchanan，2002；Estlund，2008；Peter，2008）。例如，一些人认可这样的理论：只有民主程序才能使规则具有正当性，也就是说，只有当规则是多数人的规则时，才是正当的（Rousseau，1974［1712—1778］，I：6 sec. 3. 3；Christiano，1996；Valentini，2012）。这些理论并没有显而易见地告诉我们技术官僚的正当决策是什么（除非我们假设民主理论禁止所有非民主的分配决策）。

也许关于正当性的许多经典解释并没有告诉我们技术官僚的决策在什么情况下是正当的，因为传统上哲学家认为法律规定了民主社会中所有的重大分配决策。政府官员可能会推行重在改变税率或福利支出的政纲。当他们能够通过影响这些变化的立法时，他们的立法行动至少会直面正当性问题。换言之，他们的立法行动可能是不正当的，但是举证责任落在那些认为该行动违反了民主决策的重要实质性或程序性约束的人身上（Estlund，2008；Peter，2013）。

但是，现在许多立法之外的决策影响着资源分配（而且技术官僚的决策对资源分配的影响可能比许多明确关注资源分配的立法决策更大）。正如艾伦·布坎南所言："缺乏民主问责制的技术官僚精英……正在区域性和全球治理体系中发挥着越来越强大的作用"，我相信在国家内部也是如此（Buchanan，2003，第289页）。在许多国家，技术官僚监管健康和安全、商品和服务的质量、贸易条款、社会歧视，等等。而且，技术官僚即使不会明确通常也会隐晦地做出旨在影响资源分配的决策。

然而，最近哲学家们开始考虑非政府决策的正当性，而且这些争论也涉及技术官僚决策的正当性。例如，有关非政府组织（国际机构、援助团体和公司）正当性的争论，这些组织影响社会内部或社会之间的资源分配。有的时候，这些组织的部分决策是由政府决定的。例如，许多国际机构的决策和资金流直接依赖于政府的支持。因此，一些人认为，只要国家同意这些组织颁布的国际规则的一般结构就足够了（Beitz，1998；Rawls，1999；Cavallero，2003）。但一些人认为，公司、非营利组织甚至国际组织的官员都不能做出正当的资源分配决策，因为他们没有恰当的民主程序（Benhabib，1994；Held，1995；Buchanan，2002；Caney，2006；Valentini，2012，2014；Hassoun，2018）。另一些人则指向这些决策的后果，试图以此确定这些决策是否正当，或者认为决策者必须恰当地代表其选民的利益（Held，1995；Stilz，2009）。还有一些人坚持认为，这些组织的官员必须通过合理的程序做出决策，并且要尊重基本权利（Cohen and Sabel，2005；Buchanan and Keohane，2006；Abizadeh，2008；Valentini，2012）。

似乎很难否认技术官僚的某些决策是正当的。这些决策看起来是正当的，很可能是因为它们如此普遍，以至于否定其正当性可能会无意中否定大多数政府的正当性。但是，也有看似可信的理论理由支持这一结论。由于决策本身的性质，其正当性可能会有所不同。也许重要的是这一决策的影响有多重大，以及还有哪些其他选择。至少在缺乏完全公正的制度的情况下，技术官僚可能有一些空间做出能够显著改善资源分配的决策（Buchhanan，2003；Caney，2006；Dietsch，2017）。即使给定的决策有一些负面后果，替代方案也可能更糟糕，从而使给定的决策具有正当性（Adler，2005）。例如，想象一下，降低利率对一国避免经济衰退至关重要。如果这样做是合法的，也不会产生意想不到的负面影响，而且没有其他更好的选择，那么央行降低利率可能就是正当的。[①]

如果有公正的制度来补偿不公正的后果，技术官僚可能会有更多的决策权。一些观察人士赞同制度主义的观点，认为受公正的制度约束的个人在他们所处的任何法律范围内应当具有决策自由（Waldron，1987；Murphy，1998）。其背后的想法是，社会应该撇开道德问题，以使背景制度可以提供规则，从而让个人可以根据这些规则追求自身利益（Rawls，1971；Nagel，1991，第6

[①] 在评估决策时，区分不受约束的决策和受到法律、准则（guidelines）和原则约束的决策是有益的。区分行政决策、立法决策和司法决策，以及理解决策在多大程度上受民选代表的控制，也是重要的。

章、第 9 章；Murphy，1998）。因为"如果人们能够将大部分注意力放在自己的事务上，他们就会过上更加自由和美好的生活"（Murphy，1998，第 258 页）。也许我们可以扩展这一想法，以使技术官僚可以自由地做出重大的分配决策，只要法律能够补偿其行为的不合理后果（Edmundson，1998；Greene，2016）。例如，想象一下，贸易政策使苏格兰的许多贫困农民出口羊毛更加困难。苏格兰政府可能会通过对羊毛进口征税并将税收所得重新分配给出口商，从而补偿这些人（如果这是公正所要求的）。①

尽管如此，许多观察人士担心，技术官僚政治（技术官僚决策的增加）与民主价值观、公众参与、代议制治理、危机面前的灵活性或者对国民价值观的响应不兼容。其他人担心，技术官僚无法恰当地表达不满，将辩论局限于精通技术语言的人，只代表精英的利益或价值观，如此等等（Tucker，2018，第 219 页）。

对那些具有重大分配后果且具有正当性的技术官僚决策，我也许可以提出一个最低（必要）条件：至少在决策的某些方面超出了决策者的专业知识时，受决策影响的人应该在决策过程中有发言权，以使资源分配能够适当地回应他们的利益。② 这些决策可能会比那些没有考虑受影响者利益的决策更好且更公平。③ 而且，这一原则可能会在对正当性有着截然不同哲学观点的人之间引发"重叠共识"（overlapping consensus，Christiano，1996）。④ 毕竟，大多数更强有力的原则要么加强了对决策结果的要求（也许只有正确的决策才能对利益

---

① 即使法律往往不完善，而且制度很少是完全公正的，比如公平的税制等，这样做也是正当的（Buchanan and Keohane，2006；Dietsch，2017）。

② 请注意，比起要求技术官僚决策提供的好处大于通常由民选代表直接控制带来的好处，我在这里提出的条件更为严苛，因为鉴于政治形势的变化和政治需要，民选代表可能无法长期执行或维持其决策。我提出的条件还要求决策适当地回应受影响方的利益，而不仅仅是对有能力判断决策的人负责（Wallach，2016）。

③ 在此，我们可以援引民主理论家用来论证民主之工具价值的论点，例如，基于孔多塞的陪审团定理提出的论点。相关讨论可参见 Christiano（1996）。

④ 我在这里并不是说，（规范的）正当性（不妨更广泛地说成政治）要求持有不同观点的人对正当性达成重叠共识。如果这些观点是错误的，我们并不清楚它们是否总是值得考虑。但是，这一原则可能会获得广泛支持。对于不同的观点，请参见 Tucker（2018），该文也很好地考虑了独立机构中的技术官僚如何在实践中威胁民主决策。但是我承认，我提出的正当性条件不足以实现完全的正当性。此外，在阐述正当性时，必须考虑制度稳定性和执行情况。另见 Ackerman（2000）。

做出恰当的反应），要么加强了对决策过程的要求（也许每个人在做出决策的过程中都应该有平等的发言权）。一个值得注意的例外是我们在本文开始时描述的正当性，在这种情况下，只要那些受决策约束的人除了遵守决策没有更好的选择，那么决策就是正当的（Raz，1986）。但是，如果弱化我提出的原则，在帮助技术官僚做出更好的决策时，只要求协商和对利益有所回应，那么甚至连接受上述例外的人也会接受我提出的原则。

不过，仍然有许多尚待解决的问题：技术官僚决策的正当性是否取决于民选代表能否做出这些决策？例如，如果中央银行不能及时获得政府批准以避免经济衰退，那么它是否可以自行改变利率？技术官僚能够做出既违背以民主方式通过的法律又正当的决策吗？（Beitz，1979；Hassoun，2018）例如，如果中央银行改变利率是不合法的，中央银行是否可以正当地改变利率以防止经济衰退？政策的明确目的是不是分配性的，或者人们是否理解其政策选择的分配后果，这些是否重要（Blake，2001）？技术官僚是否应该构成一个独立于政治的领域（也就是说，免于或者隔绝于直接政治控制）？① 当技术官僚的决策不违反法律时，他们如果有自由裁量权，应该有多少？② 即使一些技术官僚原则上可以在法律之外（如果不是违反法律的话）做出正当的重大分配决策，谁是这些组织中的决策者这个问题是否重要？③ 这些决策是否由高管、政策制定者、科学家还是哲学家做出，这一点是否重要？④

本文无法进一步回答这些问题。但是，在我们这个时代，考虑这些问题是极其重要的，因为技术官僚的决策影响着数百万人的命运，并且其分配后果可能远远大于法律明确规定的后果。更一般地说，对可能的政策建议进行哲学、法学和经济学分析，可能对评估和推进这些建议至关重要。

（中国政法大学 黄健栓 译）

---

① Woodrow Wilson（1887）在其经典著作《行政学》中提出了这一结论。
② 他们是否必须遵守宪法原则，并且支持法治、分权等（DeMuth，2016；Tucker，2018）？
③ 相关的组织包括它们的记录和授权，可能也是重要的（Tucker，2018，第213页）。
④ 同样重要的是，要考虑决策应当如何做出（例如，由任期交错的委员会或个人），以及做出技术官僚决策的团体和个人在这样做时受到哪些保护，如预算控制、工作保障等（Strauss，1984；Tucker，2018）。

参考文献

Abizadeh, Arash. 2008. "Democratic Theory and Border Coercion: No Right to Unilaterally Control Your Own Borders," *Political Theory* 36 (1): 37 – 65.

Ackerman, Bruce. 2000. "The New Separation of Powers," *Harvard Law Review* 113 (3): 633 – 729.

Adler, Matthew D. 2005. "Justification, Legitimacy, and Administrative Governance," Issues in Legal Scholarship. Available at: https: //scholarship. law. duke. edu/faculty scholarship2588.

Basu, Kaushik. 2018. *Republic of Beliefs*. Princeton, NJ: Princeton University Press.

Basu, Kaushik. 2019. "Antitrust Law in the Age of New Technology: Is It Time to Call It aDay?" Available at https: //wwwiza. org/publications/pp/146/new – technology – andincreasing – returns – the – end – of – the – antitrust – century.

Beitz, Charles. 1979. *Political Theory and International Relations*. Princeton, NJ: Princeton University Press.

Beitz, Charles. 1998. "International Relations, Philosophy of," in Edward Craig (ed.), *Routledge Encyclopedia of Philosophy*. London: Routledge.

Benhabib, Seyla. 1994. "Deliberative Rationality and Models of Democratic Legitimacy," *Constellations* 1 (1): 25 – 53.

Blake, Michael. 2001. "Distributive Justice, State Coercion, and Autonomy," *Philosophy and Public Affairs* 30 (3): 257 – 296.

Buchanan, Allen. 2002. "Political Legitimacy and Democracy. " *Ethics* 112 (4): 689 – 719.

Buchanan, Allen. 2003. *Justice, Legitimacy and Self-Determination*. Oxford: Oxford University Press.

Buchanan, Allen, and Robert O. Keohane. 2006. "The Legitimacy of Global Governance Institutions," *Ethics and International Affairs* 20 (4): 405 – 437.

Caney, Simon. 2006. "Cosmopolitan Justice and Institutional Design: An Egalitarian Liberal Conception of Global Governance," *Social Theory and Practice* 32 (4): 725 – 756.

Cavallero, Eric. 2003. "Popular Sovereignty and the Law of Peoples," *Legal Theory* 9 (3): 181 – 200.

Christiano, Thomas. 1996. *The Rule of the Many: Fundamental Issues in Democratic Theory*. New York: Westview Press.

Cohen, James, and Charles Sabel. 2005. "Global Democracy?" *New York University Journal of International Law and Politics* 37 (4): 763 – 797.

DeMuth, Christopher. 2016. "Can the Administrative State Be Tamed?" *Journal of Legal Analysis* 8 (1): 121 – 190.

Dietsch, Peter. 2017. "Normative Dimensions of Central Banking: How the Guardians of Financial Markets Affect Justice," In Lisa Herzog (ed.), *Just Financial Markets? Finance in a Just Society*. Oxford: Oxford University Press, ch. 10.

Dworkin, Ronald, 1986. *Law' Empire*. Cambridge, MA: Harvard University Press.

Edmundson, William A, 1998. *Three Anarchical Fallacies*. Cambridge: Cambridge University Press.

Estlund, David, 2008. *Democratic Authority*. Princeton, NJ: Princeton University Press.

Greene, Amanda. 2016. "Consent and Political Legitimacy," In David Sobel, Peter Vallentyne, and Steven Wall (eds.), *Oxford Studies in Political Philosophy*. Oxford: Oxford University Press, 71 – 97.

Hassoun, Nicole. 2008. "World Poverty and Individual Freedom," *American Philosophical Quarterly* 45 (2): 191 – 198.

Hassoun, Nicole. 2018. "The Evolution of Wealth: Democracy or Revolution?" In Jack Knight and Melissa Schwartzberg (ed.), *Wealth: NOMOS LVIII*. Oxford University Press Scholarship Online. Available at: https: //

wwwuniversitypressscholarship. com/view/10. 18574/nyu/9781479827008. 001. 0001/upso – 9781479827008.

Held, David. 1995. *Democracy and the Global Order*. Palo Alto, CA: Stanford University Press.

Kant, Immanuel. 1999. *Practical Philosophy*. In Mary J. Gregor (ed.), *Cambridge Edition of the Works of Immanuel Kant in Translation*. Cambridge: Cambridge University Press.

Locke, John. 1980 [1690] . *Second Treatise on Civil Government*, C. B. MacPherson (ed.) . Indianapolis: Hackett, 1990.

Murphy, Liam. 1998. "Institutions and the Demands of Justice. " *Philosophy & Public Affairs* 27 (4): 251 – 291.

Nagel, Thomas. 1991. *Equality and Partiality*. New York: Oxford University Press.

Peter, Fabienne. 2008. *Democratic Legitimacy*. New York: Routledge.

Peter, Fabienne. 2013. "The Procedural Epistemic Value of Deliberation. " *Synthese* 190 (7): 1253 – 1266.

Rawls, John. 1971. *A Theory of Justice*. Cambridge, MA: Harvard University Press.

Rawls, John. 1993. *Political Liberalism*. New York: Columbia University Press.

Rawls, John. 1999. *The Law of Peoples*. Cambridge, MA: Harvard University Press.

Rawls, John. 2007. *Lectures on the History of Political Philosophy*. Cambridge, MA: Harvard University Press.

Raz, Joseph. 1986. *The Morality of Freedom*. Oxford: Oxford University Press.

Ripstein, Arthur. 2004. "Authority and Coercion," *Philosophy and Public Affairs* 32 (1): 2 – 35.

Rousseau, Jean-Jacques. 1974 [1712 – 17781] . *The Essential Rousseau: The Social Contract Discourse on the Origin of Inequality, Discourse on the Arts and Sciences, The Creed of a Savoyard Priest*. New York: New American Library.

Simmons, A. John. 1976. "Tacit Consent and Political Obligation," *Philosophy and Public Affairs* 5 (3): 274 291.

Stilz, Anna. 2009. *Liberal Loyalty: Freedom, Obligation, and the State*. Princeton, NJ: Princeton University Press.

Strauss, Peter L. 1984. " The Place of Agencies in Government: Separation of Powers and the Fourth Branch," *Columbia Law Review* 84 (3): 573 – 669.

Tucker, Paul. 2018. *Unelected Power: The Quest for Legitimacy in Central Banking and the Regulatory State*. Princeton, NJ: Princeton University Press.

Valentini, Laura. 2012. "Assessing the Global Order: Justice, Legitimacy, or Political Justice?" *Critical Review of International Social and Political Philosophy* 15 (5): 593 – 612.

Valentini, Laura. 2014. "No Global Demos, No Global Democracy? A Systematization and Critique," *Perspectives on Politics* 12 (4): 789 – 807.

Waldron, Jeremy. 1987. "Theoretical Foundations of Liberalism," *Philosophical Quarter* l37 (147): 127 – 150.

Wallach, Philip A. 2016. "The Administrative State's Legitimacy Crisis," Center for Effective Public Management, Brookings Institution, Washington, DC. Available at: https: //www. brookings. edu/wp – content/uploads/2016/07/Administrative – state – legitimacy – crisis FINAL. pdf.

Weber, Max. 1964. *The Theory of Social and Economic Organization*, Talcott Parsons (ed.) . New York: Free Press.

Wellman, Christopher. 1996. "Liberalism, Samaritanism, and Political Legitimacy," *Philosophy and Public Affairs* 25 (3): 211 – 237.

Wilson, Woodrow. 1887. "The Study of Administration," *Political Science Quarterly* 2 (2): 197 – 222.

图书在版编目（CIP）数据

比较.第 125 辑 / 吴敬琏主编 . -- 北京：中信出版
社 , 2023.4

ISBN 978-7-5217-5089-8

I. ①比… II. ①吴… III. ①比较经济学 IV.
① F064.2

中国版本图书馆 CIP 数据核字 (2022) 第 251886 号

比较·第 125 辑

主　　编：吴敬琏

策 划 者：《比较》编辑室

出 版 者：中信出版集团股份有限公司

经 销 者：中信出版集团股份有限公司＋财新传媒有限公司

承 印 者：北京华联印刷有限公司

开　　本：787mm×1092mm 1/16　　　印　　张：12　　　字　　数：200 千字

版　　次：2023 年 4 月第 1 版　　　印　　次：2023 年 4 月第 1 次印刷

书　　号：ISBN 978-7-5217-5089-8

定　　价：58.00 元